a_tope.com
Ausgabe B

Grammatik zum Nachschlagen und Üben

Deine Grammatik findest du auch in der **Cornelsen Lernen App**.
Siehst du eines dieser Symbole in deinem Buch, findest du in deiner App …

 alle **Audios**

 alle **Lösungen**

Cornelsen

¡Bienvenidos!

Die Grammatik zum Nachschlagen und Üben zu *a_tope* Ausgabe B enthält den gesamten Grammatikstoff des zweiten Bandes und ein umfangreiches Übungsangebot. Die Reihenfolge der Grammatikkapitel orientiert sich am Buch.

Im Grammatikteil findest du in der linken Spalte die spanischen Beispielsätze bzw. Tabellen, in der rechten Spalte die dazugehörige Erklärung.

Wo es sinnvoll ist, werden Vergleiche mit anderen Sprachen (Deutsch, Englisch, Französisch, Lateinisch) angestellt.

In den grünen Lerntipp-Kästen findest du Ratschläge dafür, wie du dir ein grammatisches Phänomen besonders gut einprägen kannst.

Die ¡Ojo!-Kästen enthalten kurz gefasste Regeln oder Merksätze.

In den El Mundo del Español-Kästen findest du Informationen zum unterschiedlichen Sprachgebrauch in Spanien und Lateinamerika.

Die Aufgaben in den jeweiligen *Unidades* werden zum Teil auch für die Schulung anderer Kompetenzen genutzt, wie dem Hörverstehen 🔊. Im Übungsangebot findest du außerdem anspruchsvollere Aufgaben, die durch dieses Symbol ● gekennzeichnet sind. Alle Lösungen zu den Übungen findest du in der Cornelsen Lernen App.

Nach den Unidades 4 und 7 gibt es **Evaluación-Seiten**. Hier kannst du überprüfen, ob du die neue Grammatik verstanden hast. Die Lösungen dazu findest du ebenfalls in der Cornelsen Lernen App.

Wenn du einen grammatischen Begriff nicht kennst, findest du auf S. 96 die deutsche bzw. spanische Entsprechung sowie ein Beispiel. Wenn du gezielt nach einem bestimmten Begriff suchst, schaue im **Index** auf S. 101 nach. Dort findest du eine Liste mit allen grammatischen Themen aus diesem Grammatikheft.

Der Anhang enthält außerdem Übersichten, z. B. zu **Aussprache und Betonung** (S. 84) sowie **Verbkonjugationen** (S. 87).

Besonders nützlich ist die **Autokorrekturliste zur Vermeidung typischer Fehler**, die du immer verwenden kannst, wenn du einen Text schreibst (S. 99).

Viel Spaß beim Spanischlernen und viel Erfolg!

Inhaltsverzeichnis

1 Galicia: Una comunidad diferente
1. *Hay que* + Infinitiv 6
2. Das *pretérito imperfecto* 6
3. Das Relativpronomen *lo que* 7
4. Das Relativpronomen *donde* 7
5. Die Verwendung von pretérito indefinido und pretérito imperfecto 8
   Ejercicios 11

M1 Decálogo para una vida digital inteligente
1. Der verneinte Imperativ 19
   Ejercicios 21

2 Un mundo en movimiento
1. Der neutrale Artikel *lo* + Adjektiv 24
2. Der *subjuntivo* 24
2.1 Regelmäßige Verben 24
2.2 Verben mit unregelmäßiger 1. Person Singular 25
2.3 Verben mit Stammvokalwechsel 25
2.4 Verben auf -ir mit Stammvokalwechsel e → ie/i und o → ue/u 26
2.5 Verben mit orthografischer Anpassung 26
2.6 Verben mit unregelmäßigen Formen 26
3. Der *subjuntivo* nach Verben der Willens- und Gefühlsäußerung 27
3.1 Nach Verben der Willensäußerung 27
3.2 Nach Verben der Gefühlsäußerung 28
4. Der *subjuntivo* nach Verben des Denkens 28
5. Der *subjuntivo* nach unpersönlichen Ausdrücken 29
6. Die Adverbien auf -*mente* 29
   Ejercicios 30

M2 En metro por Madrid
1. Der Imperativ mit *usted* 36
2. Die indirekte Aufforderung 36
   Ejercicios 37

3 México, un país diverso
1. Stellung und Bedeutungsänderung einiger Adjektive 38
2. Das Plusquamperfekt 38
3. Adjektive mit *ser* oder *estar* (*rico, malo, bueno, listo*) 39
4. Zwei Objektpronomen im Satz 40
   Ejercicios 41

M3 ¿Alguna vez has estado en Centroamérica?

1	Das Perfekt	44
1.1	Unregelmäßige Partizipien	44
2	Die kontrastive Verwendung von pretérito perfecto und pretérito indefinido	45
	Ejercicios	46

4 Encontrar su propio camino

1	Der *subjuntivo* nach Konjunktionen	49
2	Das Konditional	49
2.1	Unregelmäßige Konditionalformen	49
3	Das Futur	50
3.1	Unregelmäßige Futurformen	50
4	Das Futur II	50
5	Konstruktionen mit *gerundio*	51
	Ejercicios	52

M4 Un retrato de la juventud española

| 1 | Die Possessivpronomen | 57 |
| | Ejercicios | 58 |

Evaluación 1

| | Ejercicios | 59 |

5 ¡Descubre las Baleares!

| | Ejercicios | 63 |

M5 España en los siglos XX-XXI

1	La voz pasiva	64
2	Nebensatzverkürzung mit *gerundio*	64
	Ejercicios	65

6 Perspectivas del mundo digital

1	Das Relativpronomen *el/la cual* mit Präposition	66
2	Das Relativpronomen *cuyo/-a*	67
3	Der *imperfecto de subjuntivo*	67
3.1	Bildung	67
3.2	Der Gebrauch des *imperfecto de subjuntivo*	68
4	Der irreale Bedingungssatz der Gegenwart	69
5	Das *pluscuamperfecto de subjuntivo*	69
6	Der *condicional compuesto*	69
7	Der irreale Bedingungssatz der Vergangenheit	70
	Ejercicios	71

	7	**El Cono Sur**	
	1	Die Relativpronomen *el que / la que* mit Präposition	76
	2	Das Relativpronomen *quien/quienes*	76
	3	Nebensatzverkürzung mit Partizipien	77
	4	Der subjuntivo nach *aunque, cuando* und *mientras*	77
	5	Der subjuntivo im Relativsatz	78
	6	Infinitivkonstruktionen mit *al*	79
		Ejercicios	79

Evaluación 2
     Ejercicios 81

Anexo
     Aussprache, Betonung und Orthografie 84
     Die Zahlen 86
     Die Verben 87
     Grammatische Begriffe 96
     Autokorrekturliste zur Vermeidung typischer Fehler ... 99
     Index 101

1 Galicia: Una comunidad diferente

1 *Hay que* + Infinitiv | *Hay que* + infinitivo

¡**Hay que** ver el norte de España!
Man muss den Norden Spaniens einfach sehen!
Para sacar buenas notas **hay que** hacer los deberes.
Um gute Noten zu bekommen, muss man die Hausaufgaben machen.

Um etwas nachdrücklich zu empfehlen oder um zu sagen, dass man etwas tun muss, verwendest du die Struktur **hay que** + Infinitiv. Es handelt sich um die unpersönliche Variante des Modalverbs **tener que** („müssen") und entspricht dem deutschen „man muss".

2 Das pretérito imperfecto | El pretérito imperfecto

		hablar *sprechen*	comer *essen*	vivir *leben*
Singular	1.	hablaba	comía	vivía
	2.	hablabas	comías	vivías
	3.	hablaba	comía	vivía
Plural	1.	hablábamos	comíamos	vivíamos
	2.	hablabais	comíais	vivíais
	3.	hablaban	comían	vivían

Das **pretérito imperfecto** ist eine sehr häufig verwendete Vergangenheitszeit des Spanischen. Im Deutschen wird es mit dem Präteritum oder mit dem Perfekt wiedergegeben.
– Die Formen der Verben auf **-ar** werden aus dem Verbstamm und den Endungen **-aba, -abas, -aba, -ábamos, -abais, -aban** gebildet.
– Die Formen der Verben auf **-er** und **-ir** lauten gleich. Sie werden aus dem Verbstamm und den Endungen **-ía, -ías, -ía, -íamos, -íais, -ían** gebildet.

		ir *gehen, fahren*	ser *sein*	ver *sehen*
Singular	1.	iba	era	veía
	2.	ibas	eras	veías
	3.	iba	era	veía
Plural	1.	íbamos	éramos	veíamos
	2.	ibais	erais	veíais
	3.	iban	eran	veían

Im **pretérito imperfecto** gibt es nur drei unregelmäßige Verben: **ir**, **ser** und **ver**.

¡OJO! Achte auf den Akzent in der 1. Person Plural von **ir** und **ser**.

Antes la vida en el pueblo **era** muy tranquila.
Früher war das Leben im Dorf sehr ruhig.
En aquellos años no **había** móviles.
Zu jener Zeit gab es keine Handys.
Cuando **era** pequeño, **tenía** que ayudar mucho en casa.
Als ich klein war, musste ich viel im Haushalt helfen.
Cada día **preparaba** la cena para toda mi familia.
Jeden Tag bereitete ich das Abendessen für meine Familie zu.
Cada vez que **veíamos** a un peregrino, le **dábamos** agua y algo para comer.
Jedes Mal, wenn wir einen Pilger sahen, gaben wir ihm Wasser und etwas zu essen.

Das **pretérito imperfecto** brauchst du für Beschreibungen von Situationen, Zuständen und Gewohnheiten in der Vergangenheit. Daher steht es oft nach Zeitangaben wie **antes** („früher"), **en aquellos años** („zu jener Zeit"), **cada día** („jeden Tag"), **a veces** („manchmal"), **siempre** („immer") oder **cada vez que** („jedes Mal, wenn") sowie nach einleitenden Sätzen wie **cuando era joven** („als ich jung war") etc.

3 Das Relativpronomen *lo que* | El pronombre relativo lo que

Puedes practicar las lenguas que aprendes en el instituto con turistas que visitan tu ciudad.
Du kannst die Sprachen, die du in der Schule lernst, mit Touristen üben, die deine Stadt besuchen.

¡ACUÉRDATE!
Du kennst bereits das Relativpronomen **que** („der", „die", „das"). Es leitet einen Relativsatz ein, in dem du Personen oder Sachen aus dem Hauptsatz genauer beschreiben kannst.

Lo que dices no puede ser verdad.
(Das,) was du sagst, kann nicht wahr sein.
Sé **lo que** quieres decir.
Ich weiß, was du sagen willst.
Cuéntame **lo que** sabes sobre Galicia.
Erzähl mir, was du über Galicien weißt.

Das Relativpronomen **lo que** entspricht dem deutschen „das, was" oder einfach „was". Es leitet einen Relativsatz ein, der sich nicht auf eine Person oder Sache, sondern auf einen ganzen Satz oder Sachverhalt bezieht. Der Relativsatz mit **lo que** kann vor oder hinter dem Hauptsatz stehen.

¡OJO! Que oder **lo que**? Wenn du auf Deutsch „der", „die" oder „das" sagen würdest, bildest du den Relativsatz mit **que**. Wenn du „das, was" oder „was" sagen würdest, benutzt du **lo que**.

Lo que me gusta de Galicia son los paisajes.

¡Piensa en **lo que** tienes que hacer esta tarde!
Denke daran, was du heute Nachmittag tun musst!
Quiero hablar contigo sobre **lo que** dijiste ayer.
Ich will mit dir darüber reden, was du gestern gesagt hast.

Manchmal steht **lo que** nach einer Präposition (z. B. **en**, **a**, **de**, **sobre** etc.).
Welche Präposition du verwendest, ist abhängig vom Verb (z. B. **pensar en**, **hablar sobre** etc.).

4 Das Relativpronomen *donde* | El pronombre relativo donde

Ayer vi fotos del pueblo **donde** creciste.
Gestern habe ich Fotos von dem Dorf gesehen, wo/in dem du aufgewachsen bist.
También en Argentina, **donde** gran parte de la población es de origen europeo, hay indígenas.
Auch in Argentinien, wo ein Großteil der Bevölkerung europäischer Abstammung ist, gibt es indigene Bevölkerung.

Wie **que** und **lo que** kann auch **donde** („wo") als Relativpronomen verwendet werden. Es ist unveränderlich und bezieht sich auf eine Ortsangabe.

¡OJO! Wenn **donde** als Relativpronomen gebraucht wird, trägt es keinen Akzent.

5 Die Verwendung von pretérito indefinido und pretérito imperfecto | El uso del pretérito indefinido y del pretérito imperfecto

¿Cómo era la situación? → **pretérito imperfecto**
Wie war die Situation?

Mit dem **pretérito imperfecto** beschreibst und erklärst du Situationen, Zustände oder Gewohnheiten in der Vergangenheit. Du versetzt dich zurück und beschreibst, wie die Situation zu jenem Zeitpunkt war. Du kannst dir als Merkhilfe ein Foto oder ein Standbild vorstellen: Es bildet eine Situation bzw. einen Zustand ab.
Häufige Signalwörter: **antes**, **todos los días**, **siempre**, **normalmente**, **en aquellos años**, **cada vez que** etc.

LERNTIPP Das **pretérito imperfecto** entspricht dem **imparfait** im Französischen:
FRA **J'étais** sur la plage.
SPA **Estaba** en la playa.

¿Qué pasó (después)? → **pretérito indefinido**
Was ist passiert? / Was geschah dann?

Mit dem **pretérito indefinido** erzählst du von Ereignissen, Handlungen und Handlungsketten in der Vergangenheit. Du schilderst also, was sich ereignet hat, was geschehen ist. Du kannst dir als Merkhilfe einen Film vorstellen: Ereignisse geschehen, Handlungen setzen ein und es folgen weitere Handlungen oder Ereignisse.
Häufige Signalwörter: **de repente**, **en un momento**, **una vez**, **un día**, **el viernes pasado**, **hace dos años**, **después**, **entonces** etc.

LERNTIPP Das **pretérito indefinido** entspricht dem **passé composé** im Französischen.

Zum Beispiel: Du willst von einer Situation in der Vergangenheit erzählen, das Ambiente beschreiben und wie du dich während dieser Situation gefühlt hast. Dafür verwendest du das **pretérito imperfecto.**

El ambiente en la fiesta **era** fenomenal. **Bailábamos** en la calle mientras la gente nos **tiraba** agua. Yo **estaba** supercontenta.
*Das Ambiente auf der Party **war** großartig. Wir haben auf der Straße **getanzt**, während die Leute uns mit Wasser **nassspritzten**. Ich **war** superglücklich.*

1 Galicia: Una comunidad diferente

Dann hat eine konkrete Handlung eingesetzt, es ist also etwas geschehen. Um von dieser Handlung zu erzählen, verwendest du das **pretérito indefinido**. Um die Handlung in deiner Erzählung einzuleiten, kannst du eine Zeitangabe (z. B. **en un momento**) verwenden.

En un momento tomé el móvil para sacar fotos.
In einem Moment nahm ich das Handy, um Fotos zu machen.

Nun wird wieder eine Situation bzw. ein Zustand (nämlich der Zustand des Handys) beschrieben und wie du dich in dieser Situation gefühlt hast.
Du verwendest also wieder das **pretérito imperfecto**.

Pero ya no funcionaba bien. ¡Era el agua! Yo estaba desesperada y quería llorar…
Aber es funktionierte nicht mehr richtig. ¡Es lag am Wasser! Ich war verzweifelt und wollte am liebsten weinen.

Al día siguiente, cuando estaba en casa, tuve una idea genial. Dejé el móvil al sol y esperé un poco. Funcionó: una hora después pude llamar a Lena y Marta. Por la tarde vinieron a mi casa y les conté toda la historia. Nos reímos mucho.
Am nächsten Tag, als ich zuhause war, hatte ich eine gute Idee. Ich ließ das Handy in der Sonne liegen und wartete ein bisschen. Es hat funktioniert: eine Stunde später konnte ich Lena und Marta anrufen. Am Nachmittag sind sie zu mir gekommen und ich habe ihnen die ganze Geschichte erzählt. Wir haben viel gelacht.

Oft kommen das **pretérito imperfecto** und das **pretérito indefinido** im gleichen Satz vor; wie in diesem Beispiel:
Zuerst wird eine Situation beschrieben (du warst zuhause), du benutzt also das **pretérito imperfecto**. Dann erzählst du von neu einsetzenden Ereignissen (du hattest eine Idee) und aufeinanderfolgenden Handlungen (du hast das Handy in die Sonne gelegt, später sind Lena und Marta zu dir gekommen etc.). Da es sich um Ereignisse bzw. Handlungen handelt, gebrauchst du das **pretérito indefinido**. Auch hier kannst du die Ereignisse wieder mit Zeitangaben einleiten.

¡OJO! **pretérito imperfecto**: WIE war es? (= Situationsbeschreibung)
pretérito indefinido: WAS ist geschehen? (= Handlungen und Ereignisse)

1 Galicia: Una comunidad diferente

¿Dónde están tus deberes?

No **pude** hacerlos porque no **tenía** el libro.

Wenn du eine Handlung in der Vergangenheit begründest oder erklärst, steht die Handlung wie gewohnt im **pretérito indefinido** und die Begründung bzw. Erklärung im **pretérito imperfecto.**

Llamé a mis amigos porque **quería** contarles todo.
*Ich **rief** meine Freunde **an**, weil ich ihnen alles erzählen **wollte**.*
Ayer me **acosté** temprano. Es que **estaba** muy cansado.
*Gestern **bin** ich früh ins Bett **gegangen**. Ich **war** nämlich sehr müde.*
– ¿Por qué no me **llamaste** ayer?
– *Warum **hast** du mich gestern nicht **angerufen**?*
– Porque ya **era** tarde.
– *Weil es schon spät **war**.*

Mientras Pablo **estudiaba**, sus hermanas **miraban** la tele.

Parallel verlaufende Tätigkeiten stehen im *pretérito imperfecto*. Ihr Anfang, ihr Ende und ihre Dauer sind dabei unwichtig.

No **sabía** que Lena y David son novios. Lo **supe** ayer.
*Ich **wusste** nicht, dass Lena und David zusammen sind. Ich **habe** es gestern **erfahren**.*
Lena no **conocía** a nadie de Madrid, pero ese día **conoció** a David.
*Lena **kannte** niemanden aus Madrid, aber an diesem Tag **lernte** sie David **kennen**.*

Bei einigen wenigen Verben ändert sich die Bedeutung, je nachdem, ob sie im **pretérito imperfecto** oder im **pretérito indefinido** stehen, z. B.:

	imperfecto	indefinido
saber	wissen	erfahren
conocer	kennen	kennenlernen
tener	haben	bekommen

LERNTIPP Lerne diese Verben zusammen mit ihren beiden Bedeutungen.

Tuve un susto cuando quería pagar y vi que no **tenía** dinero en la cartera.
*Ich **bekam** einen Schreck, als ich bezahlen wollte und sah, dass ich kein Geld im Portemonnaie **hatte**.*

Ejercicios

Hay que + infinitivo

1 ¿Qué hay que saber sobre Galicia? Completa las frases, hay varias posibilidades. Usa **hay que**.

Ejemplo: *Para sacar buenas notas hay que estudiar / hay que hacer los deberes / hay que...*

1. Para viajar de Alemania a Galicia, _____ .

2. En Galicia, _____ –¡es muy interesante!

3. Para vivir en Galicia, además del castellano, _____ .

4. Galicia no es la única comunidad autónoma con otro idioma oficial. En Cataluña _____ , y en el País Vasco _____ .

5. ¡La región es famosa por sus mariscos, _____ !

Playa de las Catedrales

El pretérito imperfecto

2 La señora Jacinta cuenta de su vida cuando era niña. Completa las frases con los verbos en **pretérito imperfecto**.

| conocer | estudiar | vivir | salir | jugar | comer | desayunar |

1. _____ con mi familia en una casa muy bonita.
2. _____ en el parque con mis amigos.
3. _____ mucho en la escuela.
4. _____ helados en la heladería del barrio.
5. _____ chocolate con churros.
6. _____ a todos mis vecinos.
7. _____ temprano de casa para ir a la escuela.

3

a Marca la opción correcta y completa la frase.

En pretérito imperfecto, las formas *era, iba y veía* corresponden a la

☐ 1ª y 3ª persona singular (yo, él / ella)

☐ 1ª y 3ª persona plural (nosotros/-as, ellos/-as)

☐ 2ª persona singular y plural (tú, vosotros/-as)

de los verbos _____, _____ y _____.

b Completa el crucigrama con las formas de **ser**, **ir** y **ver** en **pretérito imperfecto**.

1. *ver* (nosotros/-as)
2. *ir* (nosotros/-as)
3. *ser* (nosotros/-as)
4. *ver* (ellos/-as)
5. *ver* (vosotros/-as)
6. *ir* (vosotros/-as)
7. *ser* (yo)
8. *ser* (ellos/-as)
9. *ir* (ellos/-as)
10. *ir* (tú)
11. *ver* (tú)
12. *ver* (yo)
13. *ver* (él / ella)
14. *ser* (tú)
15. *ir* (él / ella)
16. *ser* (él / ella)
17. *ver* (yo)
18. *ir* (yo)

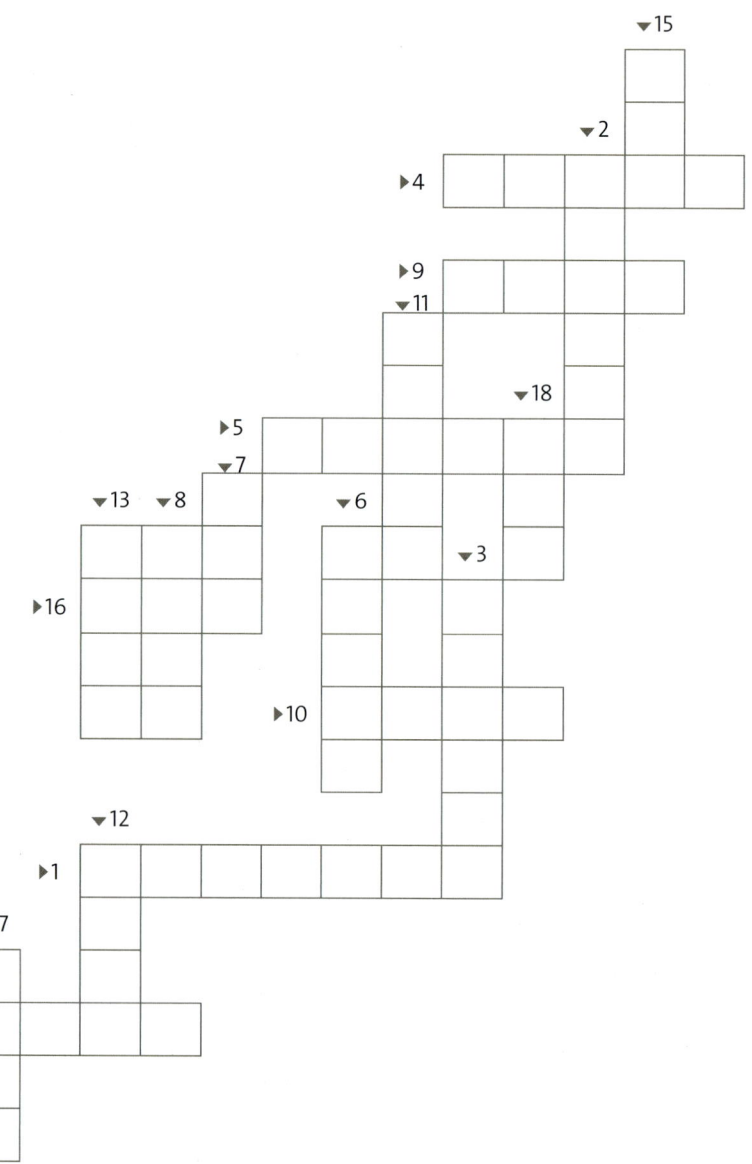

1 Galicia: Una comunidad diferente

4 a Marcelo cuenta de la vida de su abuelo en Cali. Completa el texto con los verbos en pretérito imperfecto.

Mi familia y yo vivimos en Cali, Colombia. Somos seis personas: mis padres, mis dos hermanas menores, mi abuelo Fernando y yo. Los domingos comemos todos juntos y el abuelo nos cuenta cómo _____ (ser) la vida antes.

Cuando él _____ (ser) niño, su vida _____ (ser) diferente. Él y su familia _____ (vivir) en una casa pequeña aquí en Cali. Mi abuelo _____ (levantarse) temprano e _____ (ir) a la escuela. Su madre _____ (hacer) arepas para desayunar y mi abuelo Fernando _____ (ponerse) muy contento, porque a él le _____ (encantar) desayunar arepas cuando niño. En aquellos años no _____ (haber) internet y la gente no _____ (tener) móviles.

Por eso, cuando mi abuelo _____ (querer) quedar con sus amigos, _____ (pasar) por sus casas a buscarlos. Todos _____ (jugar) en el parque o en la calle. ¡No _____ (ser) peligroso!

Cali también _____ (ser) muy diferente..., pero no necesariamente mejor. La madre de mi abuelo _____ (trabajar) casi diez horas al día y no _____ (recibir) tanto dinero como hoy. Mi abuelo _____ (poder) ir a la escuela, pero sus hermanas no. Ellas _____ (tener) que quedarse en casa o trabajar. El metro de la ciudad no _____ (funcionar) y los jóvenes no _____ (tener) dinero para ir a conciertos, al cine o a tomar algo con sus amigos. Mi abuelo Fernando cree que hoy en día los jóvenes tenemos mejores opciones..., ¡y yo también!

b Lee el texto otra vez y relaciona las personas con las actividades correspondientes.

el abuelo Fernando 1
la madre del abuelo 2
las hermanas del abuelo 3

a levantarse temprano
b hacer arepas para desayunar
c desayunar arepas
d pasar por casa de los amigos
e trabajar casi diez horas
f ir a la escuela
g quedarse en casa o trabajar

5 Hoy y antes. Apunta las formas que faltan: presente o pretérito imperfecto.

Ejemplo: estar: estoy, estaba

1. *ir*: vas, _____
2. *ser*: _____, éramos
3. *hacer*: hacen, _____
4. *comer*: come, _____
5. *saber*: sé, _____
6. *decir*: _____, decíais
7. *venir*: _____, venías
8. *tener*: tenemos, _____
9. *aprender*: _____, aprendían
10. *construir*: construye, _____
11. *poner*: pongo, _____
12. *vivir*: vivís, _____
13. *bailar*: bailas, _____
14. *jugar*: juego, _____
15. *irse*: os vais, _____
16. *poder*: pueden, _____
17. *escribir*: _____, escribías
18. *querer*: queremos, _____
19. *estar*: está, _____
20. *llevar*: _____, llevaban
21. *conocer*: conozco, _____
22. *estudiar*: _____, estudiabas
23. *salir*: sale, _____
24. *querer*: _____, queríamos
25. *dormir*: duerme, _____
26. *traer*: _____, traía (yo)

6 Escucha los verbos en presente y apunta la forma en pretérito imperfecto.

Ejemplo: escuchas «estáis» y después apuntas: *estar: estabais*

1. *ir*: _____
2. *ser*: _____
3. *hacer*: _____
4. *comer*: _____
5. *saber*: _____
6. *estar*: _____
7. *venir*: _____
8. *tener*: _____
9. *aprender*: _____
10. *construir*: _____
11. *jugar*: _____
12. *decir*: _____
13. *poder*: _____
14. *saber*: _____
15. *decir*: _____
16. *querer*: _____
17. *hacer*: _____
18. *ser*: _____
19. *escribir*: _____
20. *ser*: _____

El pronombre relativo *lo que*

7 ¿Cómo lo dices en español? Apunta.

1. Ich sage dir alles, was ich weiß.
   _____

2. Verstehst du, was wir machen müssen?
   _____

3. Habt ihr alles, was ihr braucht?
   _____

4. Was du tun musst, ist lernen.
   _____

8 Formula frases con *lo que*.

1. Vamos a comprar		tengo que hacer.
2. Es interesante escuchar		necesitamos para la excursión.
3. Te voy a decir	lo que	hizo en las vacaciones.
4. Nico está contando		tienes que saber.
5. Voy a hacer		cuenta la abuela.

El pronombre relativo *donde*

9 Completa las frases y utiliza el pronombre relativo *donde*.

1. Quedamos en el bar (*wo Xoáns Cousin arbeitet*).
   _____

2. Santiago es una ciudad (*wo man viele Pilger sieht*).
   _____

3. Vamos al pueblo (*wo unsere Großmutter wohnt*).
   _____

4. Vigo es una ciudad (*wo es ziemlich viel Industrie gibt*).
   _____

5. Esta es la discoteca (*wo ich meinen Freund kennen gelernt habe*).
   _____

El uso del pretérito imperfecto y pretérito indefinido

10 ¿**Pretérito indefinido** o **pretérito imperfecto**? Ordena los marcadores temporales en la columna que corresponde.

> antes   ayer   un día   mientras   en aquellos años   poco después
> el año pasado   todos los días   siempre   la semana pasada   en el pasado
> de repente   normalmente   en ese momento   cada domingo

pretérito indefinido	pretérito imperfecto

11 ¿**Pretérito indefinido** o **pretérito imperfecto**? Lee las frases y marca con una cruz la forma correcta de los verbos.

1. La semana pasada
   - ☐ leí
   - ☐ leo
   - ☐ leía

   una entrevista sobre el turismo en Andalucía.

2. Antes las personas de la región no
   - ☐ piensan
   - ☐ pensaron
   - ☐ pensaban

   tanto en el medio ambiente.

3. Durante mucho tiempo,
   - ☐ construyo
   - ☐ construían
   - ☐ construyeron

   grandes hoteles por toda la costa.

4. Antes, para muchos la economía
   - ☐ es
   - ☐ fue
   - ☐ era

   más importante que el medio ambiente.

5. Pero un día, la gente
   - ☐ empiezo
   - ☐ empezó
   - ☐ empezaba

   a pensar diferente.

6. En los últimos años
☐ hay
☐ hubo
☐ había
muchos cambios[1] y va a haber todavía más.

[1] el cambio Änderung

12 a Héctor cuenta de su infancia en el pueblo. Completa el texto con los verbos en pretérito indefinido o pretérito imperfecto.

El puerto de Vigo

En el pasado, mi familia y yo _____ (*vivir*) en un pueblo pequeño, en Galicia. En aquellos años todos mis amigos y yo _____ (*jugar*) en la calle porque no _____ (*haber*) muchos coches[1]. Un día, mi padre _____ (*llegar*) a casa con su primer coche. _____ (*ser*) una gran sorpresa para todos. El coche _____ (*ser*) rojo y _____ (*tener*) asientos[2] de cuero. Cuando _____ (*hacer*) calor, _____ (*quedar / yo*) con mis amigos en la plaza y mi madre siempre me _____ (*dar*) un poco de dinero para un helado.

En aquel entonces con poco dinero _____ (*poder / tú*) comprar muchas cosas. Por las tardes, en casa, mientras mi madre _____ (*preparar*) la cena[3], mis hermanos y yo _____ (*hacer*) los deberes y _____ (*estudiar*) para el instituto. Después, como todas las noches, _____ (*comer*) todos juntos y _____ (*charlar*) sobre las cosas del día.

De repente, _____ (*pasar*) algo diferente: una empresa _____ (*ofrecer*) a papá un trabajo mejor en Vigo y _____ (*irse / nosotros*) a vivir a la ciudad. En los primeros días _____ (*estar / yo*) bastante triste con esa situación porque no _____ (*querer*) estar lejos del pueblo. Pero poco después _____ (*adaptarse*) a la ciudad.

El año pasado, mis hermanos y yo _____ (*ir*) de visita al pueblo. Allí _____ (*encontrar / yo*) otra vez a Lucas, un amigo de aquellos años. La semana pasada, me _____ (*escribir / él*) un mensaje: ahora él también vive aquí en Vigo. Ayer Lucas y yo _____ (*salir*) a bailar. ¡_____ (*ser*) una noche genial! Antes ya me _____ (*gustar*) estar con Lucas, pero ahora… ¡creo que es mejor!

[1] el coche Auto   [2] el asiento Sitz   [3] la cena Abendessen

b Contesta las preguntas con las informaciones del texto en a.

1. ¿Qué hacía Héctor cuando era niño? Apunta cinco cosas.

   a. _____

   b. _____

   c. _____

   d. _____

   e. _____

2. ¿Por qué él y su familia viven ahora en la ciudad?

   _____

   _____

3. ¿A quién vio ayer? ¿Qué hicieron?

   _____

   _____

13 Héctor cuenta de su encuentro con Lucas. Lee las frases y subraya la forma correcta del verbo.

1. Cuando Lucas **llegó / llegaba**, yo todavía **estuve / estaba** en la ducha.
2. Mientras **me puse / me ponía** la ropa, él **esperó / esperaba** en la calle.
3. Por suerte, ya **supe / sabía** qué ropa **quise / quería** ponerme.
4. Pocos minutos después **llegué / llegaba** a la calle, pero ¿dónde **estuvo / estaba** Lucas?
5. Como no lo **vi / veía**, lo **llamé / llamaba** al móvil.
6. Lo **llamé / llamaba** mil veces, pero él no lo **cogió / cogía**.
7. Al final, **decidí / decidía** ir a la discoteca solo porque **quise / quería** bailar y disfrutar de la noche – con o sin él-.
8. Cuando **entré / entraba**, lo **vi / veía**.
9. **Fui / Iba** a hablar con él, pero me **dijo / decía**: «¿Quién eres? No te conozco».
10. **Me puse / Me ponía** muy triste y **volví / volvía** a casa.
11. Al final, **escuché / escuchaba** la voz de mi madre: «Héctor, levántate, ya es tarde. ¡Fue solo un sueño!».

M 1 Decálogo para una vida digital inteligente

1 Der verneinte Imperativ | El imperativo negativo

Vive cada día, **baila** mucho y **come** lo que te gusta.
Lebe jeden Tag, tanz viel und iss, was du gerne magst.
Vivid cada día, **bailad** mucho y **comed** lo que os gusta.
Lebt jeden Tag, tanzt viel und esst, was ihr gerne mögt.

¡ACUÉRDATE!
Du kennst bereits den bejahten Imperativ, um eine oder mehrere Personen dazu aufzufordern, etwas zu tun.

Den verneinten Imperativ brauchst du, um jemanden dazu aufzufordern, etwas nicht zu tun.

	verneinter Imperativ		
	1. Person Singular	Singular (tú)	Plural (vosotros/-as)
hablar *sprechen*	habl~~o~~	no habl**es**	no habl**éis**
comer *essen*	com~~o~~	no com**as**	no com**áis**
abrir *öffnen*	abr~~o~~	no abr**as**	no abr**áis**

Der verneinte Imperativ hat im Spanischen eine eigene Form, die sich aus dem Stamm der 1. Person Singular Präsens und folgenden Endungen zusammensetzt:
– Verben auf **-ar**: **-es/-éis**
– Verben auf **-er** und **-ir**: **-as/-áis**

LERNTIPP Merke dir: Im verneinten Imperativ „tauschen" die Konjugationsklassen (**-ar, -er, -ir**) ihre Endungsvokale.

tener:	teng~~o~~	→	no **tengas**, no **tengáis**
poner:	pong~~o~~	→	no **pongas**, no **pongáis**
hacer:	hag~~o~~	→	no **hagas**, no **hagáis**
traer:	traig~~o~~	→	no **traigas**, no **traigáis**
decir:	dig~~o~~	→	no **digas**, no **digáis**
salir:	salg~~o~~	→	no **salgas**, no **salgáis**
ver:	ve~~o~~	→	no **veas**, no **veáis**
conocer:	conozc~~o~~	→	no **conozcas**, no **conozcáis**
seguir:	sig~~o~~	→	no **sigas**, no **sigáis**

Die Bildungsregel gilt auch für …
– die meisten unregelmäßigen Verben,
– die Gruppenverben mit dem Stammvokalwechsel **e → i** (z. B. **pedir, seguir, repetir**).
Auch diese verneinten Imperativformen leitest du also von der 1. Person Singular Präsens ab.

diecinueve 19

pensar:	piens~~o~~	→	no **pienses**, no **penséis**
contar:	cuent~~o~~	→	no **cuentes**, no **contéis**

Die Gruppenverben mit dem Stammvokalwechsel e → ie (z. B. **pensar**, **empezar**) und o → ue (z. B. **contar**, **encontrar**) verhalten sich beim verneinten Imperativ wie im Indikativ Präsens: Der Stammvokal wechselt nur im Singular, bleibt aber im Plural erhalten.

llegar:	lleg~~o~~	→	no **llegues**, no **lleguéis**
tocar:	toc~~o~~	→	no **toques**, no **toquéis**
empezar:	empiez~~o~~	→	no **empieces**, no **empecéis**

⚠ Die Formen der Verben, die im Infinitiv auf **-gar**, **-car**, **-zar** enden, werden zwar regelmäßig abgeleitet, weisen aber wegen der Ausspracheregeln orthografische Besonderheiten auf:
— Verben auf **-gar**: Das **-g-** wird zu **-gu-**.
— Verben auf **-car**: Das **-c-** wird zu **-qu-**.
— Verben auf **-zar**: Das **-z-** wird zu **-c-**.

> **LERNTIPP** Die orthografischen Besonderheiten bei diesen Verben kennst du schon von der
> 1. Person Singular des **pretérito indefinido**
> llegar → [yo] lle**gu**é
> tocar → [yo] to**qu**é
> empezar → [yo] empe**c**é

No **toques** eso.

Por favor, no **saquéis** fotos.

Chicas, no **juguéis** aquí.

dar:	no **des**, no **deis**
ir:	no **vayas**, no **vayáis**
ser:	no **seas**, no **seáis**

⚠ Die Verben **dar**, **ir** und **ser** bilden den verneinten Imperativ unregelmäßig, lassen sich also nicht von der 1. Person Singular ableiten.

No te **apures**. Tenemos tiempo.
Beeile dich nicht. Wir haben Zeit.
¡**No** me **toméis** el pelo!
Nehmt mich doch nicht auf den Arm!

Steht bei der Form des verneinten Imperativs ein Pronomen (z. B. ein Reflexiv- oder Objektpronomen), so greift die grundlegende Stellungsregel, die du schon kennst: Das Pronomen steht direkt vor dem konjugierten Verb.

No te preocupes. / No os preocupéis.
Mach dir keine Sorgen. / Macht euch keine Sorgen.
No te pongas así. / No os pongáis así.
Reg dich nicht so auf. / Regt euch nicht so auf.
No me digas. / No me digáis.
Sag bloß! / Sagt bloß!
No me vengas con eso. / No me vengáis con eso.
Komm mir nicht damit! / Kommt mir nicht damit!

> **LERNTIPP** Es gibt einige häufige Redewendungen mit dem verneinten Imperativ. Lerne sie am besten auswendig.

Ejercicios

El imperativo negativo

1 Una amiga tuya está enferma. ¿Qué le dices? Usa el **imperativo negativo**.

Ejemplo: No *quedar* con nadie → **No quedes con nadie**.

1. no *salir* a la calle
2. no *ir* al instituto
3. no *hacer* los deberes
4. no *pensar* en los exámenes
5. no *leer* los mensajes del grupo de insti
6. no *enviar* fotos de tu cara de enferma
7. no *mirar* todo el tiempo el móvil
8. no *creer* en todos los consejos "médicos"[1] que ves en internet
9. no *ver* tantos videos

1 médico/-a ärztlich

2 Completa las viñetas con las formas del **imperativo negativo** de **tú** y de **vosotros/-as**.

poner		tener		reenviar	
comer		leer		olvidar	
decir		llegar		hacer	
pensar		vivir		contar	
salir		dormir		ir	

3 ¿Qué les dices a tu perro, a tu hermana y a tus amigos? Completa las frases con uno de los verbos en imperativo negativo del ejercicio 2.

1. Skoobi, ¡no _____ en mi cama! Lo dejas todo lleno de pelos…

2. Julia, ¿qué es este mensaje que me mandaste? Está claro que eso no es verdad. ¡No _____ noticias falsas[1]!

3. Chicos, por favor, no _____ tarde para mi fiesta, ¿vale? Y no _____ nada a Juan y Elena. Es que solo podía invitar a diez amigos. ¡Y no _____ las bebidas!

4. Amiga, no _____ en cosas tristes todo el tiempo. ¿No ves que eso te hace mal?

5. Julia, ¿qué es todo ese caos en nuestra habitación? Mira, no _____ tu ropa sobre mi silla. ¿Y esos platos en la cama? No los _____ aquí en la habitación.

1 la noticia falsa fake news

4 Mira lo que dicen esos chicos y di lo contrario. Usa el imperativo afirmativo o el imperativo negativo.

1. ¡No hables conmigo, por favor!

2. ¡Cree todo lo que ves en internet!

3. ¡Comprad cada año un móvil nuevo!

4. No penséis en el medio ambiente o en los otros.

5. Piensa solo en ti, ¡sé egoísta!

6. ¡Id en coche a todos los lugares!

5 ¿Cómo hacer del mundo un lugar mejor para todos? Elige el verbo correcto y completa el cartel con el imperativo afirmativo o con el imperativo negativo. A veces, hay dos posibilidades.

| usar | ser | tener | llevar | comer | comprar | ducharse |
| ayudar | mirar | pedir | creer | pensar |

Asociación juvenil: El planeta somos tú y yo

¡Bienvenidos a nuestra asociación *El planeta somos tú y yo*! Somos una asociación de gente joven que quiere transformar el mundo en un lugar mejor. Trabajamos para cuidar[1] el medio ambiente y para crear una sociedad[2] más justa[3]. ¿Te gusta la idea? Pues _____ lo que puedes hacer para transformar esa idea en realidad: _____ siempre una persona abierta con las otras personas. No _____ que eres mejor que otras personas. _____ más interés en la política y presta más atención a los problemas del mundo. Todos vivimos juntos en este planeta. Entonces no _____ que eres responsable[4] solo por ti. También eres responsable por el planeta. Por eso, _____ más productos regionales y no _____ muchas frutas exóticas. Seguro que sabes que estamos viviendo una crisis de agua en el mundo, entonces no _____ durante horas. Cinco minutos son suficientes. No _____ productos de plástico y _____ siempre tu mochila cuando vas a comprar algo al supermercado. Y, por último, _____ a las personas y _____ ayuda cuando lo necesitas.

El planeta somos tú y yo: Estamos juntos.

1 cuidar *schützen* 2 la sociedad *Gesellschaft* 3 justo/-a *gerecht* 4 responsable *verantwortlich*

2 Un mundo en movimiento

1 Der neutrale Artikel *lo* + Adjektiv | El artículo neutro *lo* + adjetivo

Lo bueno de mi familia es que nunca me va a fallar.
Das Gute an meiner Familie ist, dass sie mich nie im Stich lassen wird.
Lo malo es que tenemos tres exámenes esta semana.
Das Blöde ist, dass wir diese Woche drei Arbeiten schreiben.
Lo mejor del instituto son las vacaciones.
Das Beste an der Schule sind die Ferien.
Lo más importante para mí son mis amigos.
Das Wichtigste für mich sind meine Freunde.

Mit dem neutralen Artikel **lo** kannst du ein Adjektiv substantivieren (also zu einem Substantiv machen). Das Adjektiv wird in diesem Falle immer in seiner maskulinen Singularform gebraucht.

2 Der *subjuntivo* | El *subjuntivo*

Me gusta Estoy triste de Estoy contento/-a de Me molesta	que	vengas.
Quiero Espero Prefiero		vengan mañana.

Wenn man Gefühle (z. B. Freude, Ärger, Angst) oder Willen (z. B. Wunsch, Verlangen, Empfehlung) ausdrücken will, steht der *subjuntivo*.

2.1 Regelmäßige Verben | Verbos regulares

		tom-**ar**	com-**er**	viv-**ir**
Singular	1.	tom-**e**	com-**a**	viv-**a**
	2.	tom-**es**	com-**as**	viv-**as**
	3.	tom-**e**	com-**a**	viv-**a**
Plural	1.	tom-**emos**	com-**amos**	viv-**amos**
	2.	tom-**éis**	com-**áis**	viv-**áis**
	3.	tom-**en**	com-**an**	viv-**an**

Alle Formen des *presente de subjuntivo* leiten sich aus der **1. Person Singular Präsens** (des Indikativs) ab. Die **1. und 3. Person Singular** haben immer **dieselbe Endung**. Welche Form gemeint ist, kannst du nur aus dem Zusammenhang erkennen.
Die Endungen der Verben auf **-er** und **-ir** sind **gleich**.

Hoy tom**o** el tren del medio día, pero Juan espera que tom**e** el tren de la mañana.
–¿Com**e**mos juntos hoy? –No, Juan quiere que com**a**mos juntos mañana.
Viv**i**mos en la ciudad, pero Juan prefiere que viv**a**mos en el campo.

Im *presente de subjuntivo* werden die Endungen der Verben aus dem Indikativ quasi vertauscht, denn in den Endungen der Verben auf *-ar* wird das *a* zu *e* und in den Endungen der Verben auf *-er* und *-ir* werden das *e* und *i* zu *a*.

2.2 Verben mit unregelmäßiger 1. Person Singular | Verbos irregulares en la 1ª persona singular

Infinitiv	1. P. Sg. (Indikativ)	subjuntivo
ten**er**	**teng-o**	teng-**a**, teng-**as**…
pon**er**	**pong-o**	pong-**a**, pong-**as**…
dec**ir**	**dig-o**	dig-**a**, dig-**as**…
hac**er**	**hag-o**	hag-**a**, hag-**as**…
ven**ir**	**veng-o**	veng-**a**, veng-**as**…
tra**er**	**traig-o**	traig-**a**, traig-**as**…
sal**ir**	**salg-o**	salg-**a**, salg-**as**…
conoc**er**	**conozc-o**	conozc-**a**, conozc-**as**…
constru**ir**	**construy-o**	construy-**a**, construy-**as**…

Da sich die Formen des *subjuntivo* aus der 1. Person Präsens des Indikativs ableiten, ist es wichtig, die **Verben mit unregelmäßiger 1. Person Singular** zu kennen und ggf. zu wiederholen.

2.3 Verben mit Stammvokalwechsel | Verbos con cambio vocálico en la raíz

Infinitiv		pens**ar** (e → ie)	pod**er** (o → ue)	ped**ir** (e → i)
presente Singular	1.	p**ie**nso	p**ue**do	p**i**do
presente Plural	1.	pensamos	podemos	pedimos
	2.	pensáis	podéis	pedís
subjuntivo Singular	1.	p**ie**nse	p**ue**da	p**i**da
	2.	p**ie**nses	p**ue**das	p**i**das
	3.	p**ie**nse	p**ue**da	p**i**da
subjuntivo Plural	1.	pens**e**mos	pod**a**mos	p**i**damos
	2.	pens**é**is	pod**á**is	p**i**dáis
	3.	p**ie**nsen	p**ue**dan	p**i**dan
Ebenso:		empez**ar** nev**ar** quer**er** entend**er**	acost**ar**(se) cost**ar** encontr**ar** prob**ar** cont**ar** prob**ar** volv**er** llov**er**	repet**ir** segu**ir** eleg**ir**

Bei den **Verben mit Stammvokalwechsel** von *e → ie*, *o → ue* und *u → ue* (▶ S. 18/1 und S. 21/8) bleibt der Stammvokal in der **1. und 2. Person Plural** wie beim Indikativ Präsens erhalten.

¡OJO! Verben mit Stammvokalwechsel von (*e → i*) wechseln in der **1. und 2. Person Plural** hingegen nicht zurück zum Stammvokal.

2.4 Verben auf -ir mit Stammvokalwechsel e → ie/i und o → ue/u

Infinitiv		**sentir**	**dormir**
presente Singular	1.	siento	duermo
indefinido Singular	3.	sintió	durmió
indefinido Plural	3.	sintieron	durmieron
subjuntivo Singular	1.	sienta	duerma
	2.	sientas	duermas
	3.	sienta	duerma
subjuntivo Plural	1.	sintamos	durmamos
	2.	sintáis	durmáis
	3.	sientan	duerman
		ebenso: convertir(se) preferir	ebenso: morir

Verben auf -ir mit Stammvokalwechsel von *e → ie* und *o → ue* weisen im pretérito indefinido in der 3. Person Singular und Plural einen weiteren Stammvokalwechsel von *e → i* bzw. von *o → u* auf. (▶ Band 1, S. 73/1.3)

Diese Verben weisen den zusätzlichen Stammvokalwechsel auch im presente de subjuntivo auf, allerdings nur in der 1. und 2. Person Plural.

2.5 Verben mit orthografischer Anpassung

Infinitiv		**organizar**	**jugar**	**sacar**
presente Singular	1.	organizo	juego	saco
subjuntivo Singular	1.	organice	juegue	saque
	2.	organices	juegues	saques
	3.	organice	juegue	saque
subjuntivo Plural	1.	organicemos	juguemos	saquemos
	2.	organicéis	juguéis	saquéis
	3.	organicen	jueguen	saquen

Verben, die auf *-zar, -gar* oder *-car* enden, müssen aufgrund der Ausspracheregeln (▶ S. 84) orthografisch angepasst werden:

– *zar: z → c*   (ebenso z. B.: *empezar, cruzar, utilizar, rechazar,* etc.)
– *gar: g → gu* (ebenso z. B. *llegar, pagar,* etc.)
– *car: c → qu* (ebenso z. B.: *tocar, buscar, explicar, practicar, dedicarse,* etc.)

2.6 Verben mit unregelmäßigen Formen | Verbos con formas irregulares

		ser	**estar**	**saber**
Singular	1.	sea	esté	sepa
	2.	seas	estés	sepas
	3.	sea	esté	sepa
Plural	1.	seamos	estemos	sepamos
	2.	seáis	estéis	sepáis
	3.	sean	estén	sepan

LERNTIPP Lerne diese Formen des *subjuntivos* auswendig, denn sie lassen sich nicht ableiten.

		ir	haber	dar
Singular	1.	vay**a**	hay**a**	d**é**
	2.	vay**as**	hay**as**	d**es**
	3.	vay**a**	hay**a**	d**é**
Plural	1.	vay**amos**	hay**amos**	d**emos**
	2.	vay**áis**	hay**áis**	d**eis**
	3.	vay**an**	hay**an**	d**en**

¡OJO! Die 1. und 3. Person Singular von *dar* (*dé*) bekommt einen Akzent, um sie von der Präposition *de* zu unterscheiden.
▶ La acentuación, p. 84

APRENDER MEJOR LA GRAMÁTICA

Lege dir eine eigene Fehlerkartei an:

Schreibe dazu die Regeln zu Fehlern, die du öfters machst, auf eine Karteikarte und ergänze ein Beispiel, das du dir gut merken kannst. Schreibe dir auch eine Erklärung dazu auf. Auf der Rückseite kannst du Beispielsätze mit Lücken ergänzen, mit denen du dich später kontrollieren kannst.

3 Der *subjuntivo* nach Verben der Willens- und Gefühlsäußerung | El *subjuntivo* con verbos que expresan deseo y emociones

3.1 Nach Verben der Willensäußerung

Wunsch	Quiero Necesito Prefiero Espero	que	vengas. lo hagas. me ayudes.
Bitte	Te pido		
Befehl	Te digo		
Ratschlag	Te recomiendo		

Der *subjuntivo* steht nach Verben der Willensäußerung (z. B. Wunsch, Befehl, Bitte, Ratschlag usw.) und der Konjunktion *que*.
Voraussetzung ist, dass es sich in **Haupt- und Nebensatz** um unterschiedliche Subjekte handelt.

unterschiedliches Subjekt	gleiches Subjekt
Quiero que vayas a la fiesta. ↓ ↓ yo tú	Quiero ir a la fiesta. ↓ ↓ yo yo
Esperamos que participéis. ↓ ↓ nosotros/-as vosotros/-as	Esperamos participar. ↓ ↓ nosotros/-as nosotros/-as

Wenn das Subjekt des Haupt- und Nebensatzes gleich ist, muss anstatt *que* + *subjuntivo* der **Infinitiv** verwendet werden.

3.2 Nach Verben der Gefühlsäußerung

Freude	Me alegro de Están felices de	que	vengas mañana.
Gefallen	Está contento de Le gusta Nos encanta		
Missfallen/ Ärger	No me gusta Me molesta		llegues tarde.
Gleichgültigkeit	No me importa		
Angst	Tengo miedo de		no vengas.
Erstaunen	Me sorprende		
Bedauern	Estoy triste de		

Der **subjuntivo** steht nach Verben der Gefühlsäußerung (z. B. Freude, Gefallen, Missfallen, Ärger, Gleichgültigkeit, Angst, Erstaunen, Bedauern) und der Konjunktion **que**, wenn es sich in **Haupt- und Nebensatz um unterschiedliche Subjekte** handelt.

4 Der *subjuntivo* nach Verben des Denkens | El *subjuntivo* con verbos de *pensar*

No creo No pienso No digo	que	me digas todo.

Der **subjuntivo** steht nach verneinten Verben des Denkens und Sagens und der Konjunktion **que**.

Pienso que **llega** tarde.
Creo que me **dices** todo.
Digo que **preparamos** juntos el examen.

Wenn das Verb nicht verneint ist, steht der **Indikativ**.

1 equivocarse sich irren

2 Un mundo en movimiento

5 Der *subjuntivo* nach unpersönlichen Ausdrücken | El *subjuntivo* después de expresiones impersonales

Es	bueno/malo (im)posible importante genial mejor/peor fácil/difícil normal necesario	que	lo **sepa**.

Der *subjuntivo* steht nach unpersönlichen Ausdrücken der folgenden Muster:
es + Adjektiv + *que*

Me Te Le Nos Os Les	parece	triste normal necesario importante	que	**venga**.
		bien mal		

parece + Adjektiv + *que*

parece + *bien/mal* + *que*

Está claro que comprendes todo muy bien.
Es verdad que el subjuntivo es difícil.

¡OJO! Nach diesen Ausdrücken steht der Indikativ, weil hier Sicherheit und Realität ausgedrückt wird.

6 Die Adverbien auf *-mente* | Los adverbios en *-mente*

Habló **tranquilamente** de su situación.

Normalmente me ducho todos los días.

Adverbien geben an, wie Tätigkeiten ausgeführt werden. Adverbien beziehen sich auf das Verb im Satz. Manche Adverbien können sich auch auf einen ganzen Satz beziehen.

He talked **calmly** about his situation.
Er sprach ruhig (= auf ruhige Art und Weise) über seine Situation.

🇬🇧 Im Englischen werden Adverbien mit *-ly* gebildet.

¡OJO! Anders als im Spanischen und Englischen haben Adverbien im Deutschen keine Endung und unterscheiden sich deshalb von ihrer Form her vom Adjektiv nicht.

últim**a** + mente → **últimamente**
tranquil**a** + mente → **tranquilamente**
fácil + mente → **fácilmente**

Die Endung *-mente* wird an die feminine Form des Adjektivs angehängt.

¡OJO! Trägt ein Adjektiv einen Akzent (vgl. *última, fácil*), so bleibt dieser erhalten.

Ejercicios

El artículo neutro *lo* + adjetivo

1 Alicia y su familia acaban de mudarse de un pueblo pequeño a Barcelona. Lee el blog y completa con **lo** + adjetivo. A veces hay más de una opción. Sobran algunos adjetivos.

bueno/-a	malo/-a	más aburrido/-a	importante
interesante	mejor	peor	más bonito/-a	más absurdo/-a
divertido/-a	más difícil	más fácil	más seguro/-a	más impresionante

¡Mi primera semana en la ciudad grande!

Ya llevo una semana en Barcelona. Aquí todo es nuevo para mí y muy diferente de la vida en el pueblo. No siempre es fácil, pero *lo más importante* es mirar para el lado positivo, ¿verdad? Para mí, _____ de Barcelona es la playa, ¡me encanta! Y no está tan lejos de mi casa, solo media hora de bicicleta, ¿no es genial? _____ es que a veces hay muuuucha gente en la playa, eso no me gusta tanto. Pero no me voy a quejar. _____ es la cantidad de turistas en Barcelona. Parece que hay millones. En la calle siempre escuchas inglés, italiano, alemán, árabe, japonés... Y hablando de idiomas, para mí _____ de mi nueva vida aquí es el catalán. En el insti tenemos algunas clases en catalán y todavía no entiendo mucho. Realmente no es fácil, pero voy a hacer un curso para aprenderlo más rápido. _____ es que mis compañeros hablan conmigo en castellano. Me parece muy simpático. Ya tengo algunos amigos y ayer me llevaron para conocer un poco más de la ciudad. _____, después de la playa, es la arquitectura en el Barrio Gótico. Sacamos muchas fotos en las calles antiguas. La próxima semana vamos al Parque Güell, dicen que es muy bonito. Eso es _____ de vivir en una ciudad grande: siempre hay algo para hacer.

El subjuntivo con verbos de deseo y sentimiento

2 a Para formar el subjuntivo: Pon los verbos en la primera persona singular del presente de indicativo. Después tacha la última o. Así tienes la raíz del subjuntivo.

Ejemplo: escribir → escrib~~o~~

hablar: _____ hacer: _____ contar: _____
aprender: _____ poner: _____ entender: _____
vivir: _____ salir: _____ dormir: _____
levantarse: _____ decir: _____ pedir: _____
ducharse: _____ conocer: _____ traer: _____

b Completa con la forma del subjuntivo que falta.

1. contar:

   cuente   _____   cuente   contemos   _____   cuenten

2. decir:

   diga   _____   diga   _____   digáis   _____

3. pensar:

   _____   pienses   _____   pensemos   _____   piensen

3 Completa el crucigrama con las formas del subjuntivo.

1▶ dormir (él/ella)
5▶ entender (ellos/ellas)
8▶ ir (vosotros/-as)
9▶ poner (yo)

2▼ escribir (nosotros/-as)
3▼ comer (ellos/ellas)
4▼ tener (tú)
6▼ decir (nosotros/-as)
7▼ saber (yo)

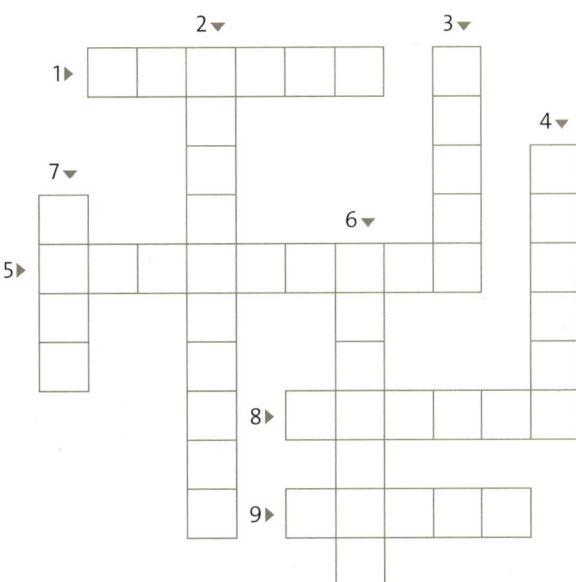

4 Formula frases o preguntas con estas palabras. Tienes diferentes posibilidades.

A mí me	gustar		mis hermanos y yo	(no) ser tan grande
A nosotros nos	encantar		los jóvenes	venir a vivir con nosotros
Mis hermanas	alegrarse de		sus amigos	poder venir a la fiesta
Mi madre	querer		alguien	ir a pasear con él
Mi perro	esperar	que	vosotros	(no) sacar buenas notas
A mi padre le	preocupar		el instituto	empezar tan temprano
A mi profesora le	molestar		nuestra ciudad	llover en la fiesta
Vosotros	tener miedo de		nuestros abuelos	siempre quejarse de todo
Tú	no aguantar		yo	tener suerte en el examen

5 ¿Qué desean o sienten las personas? Forma frases con el subjuntivo.

1. Ana / poder viajar / esperar que / en las vacaciones / su familia

   _____

2. no / mudarse [tú] / a otra ciudad / querer [yo] que

   _____

3. a mis padres / no tener amigos / les / preocupar que / mi hermano / en el insti nuevo

   _____
   _____

4. alegrarse [yo] de que / ayudar [vosotras] / nos

   _____

5. tener miedo de que / mi hermana y yo / nuestro español / no ser suficiente para vivir en España

   _____
   _____

6. me / contar [tú] / mis secretos / molestar que / a tus amigos

   _____

6 Escucha y cuenta lo que las personas quieren, desean o necesitan. Completa las frases con al menos dos cosas que dicen.

1. a) El padre de Verónica quiere que ella _____
   _____

   b) Verónica quiere que su padre _____
   _____

2. a) Doña Leticia necesita que Mario _____

_____

_____ .

b) Para doña Leticia es importante que Mario _____

_____

_____ .

3. a) Para Ernesto Carvajal es importante que los vecinos del barrio de San Martín _____

_____

_____ .

b) Ernesto Carvajal desea que _____

_____

_____ .

Los adverbios en -mente

7 a Transforma los adjetivos en adverbios en **-mente**.

1. real: _____
2. difícil: _____
3. fácil: _____
4. feliz: _____
5. libre: _____
6. tranquilo/-a: _____
7. claro/-a: _____
8. absoluto/-a: _____
9. último/-a: _____
10. sorprendente: _____

b Andrea cuenta cómo le gusta estudiar. Completa el texto con los adverbios del ejercicio 7a. Cuatro adverbios sobran.

A mí, Química no me gusta _____ nada. Pero Anabel, la profe, es muy simpática y explica los temas _____ muy bien. Por eso, comprendo todo _____. Vivo en una calle bastante ruidosa, por eso, me gusta hacer los deberes y prepararme para los exámenes en la biblioteca. Allí puedo estudiar _____. Eso sí, cuando voy a la biblioteca llego temprano, porque si llego tarde, _____ encuentro un sitio libre. _____ la biblioteca está cerca de mi casa y puedo ir a pie o en bici.

El subjuntivo con expresiones impersonales

8 ¿Qué opinas? Mira las preguntas de Daniel y contéstale como en el ejemplo. Usa el subjuntivo.

Ejemplo: Mi familia y yo vamos a mudarnos a Vigo. Voy a conocer muchas personas y lugares nuevos. ¿Es bueno?

Sí, es bueno que conozcas a personas y lugares nuevos.

1. Mi hermano y yo no conocemos Vigo y todos nuestros amigos están aquí en Madrid. Estamos tristes y tenemos un poco de miedo de esa vida nueva. ¿Es normal?

2. En Galicia hay clases de gallego en el instituto. ¿Es importante?

3. Sería genial aprender a hablar gallego realmente bien. ¿Es posible?

4. Si en Vigo conocemos a personas nuevas, quizás perdemos un poco el contacto con nuestros amigos de aquí. ¿Es malo?

5. En algunos países, los alumnos pueden decidir si van al insti por la mañana o por la tarde. ¿Es mejor?

6. Muchas familias llevan a sus hijos en coche al instituto. ¿Es necesario?

7. Voy a echar de menos mucho mi vida en Madrid. Por eso quiero pasar las vacaciones allí para ver a mis amigos. ¿Es normal?

No creo / no pienso que + subjuntivo

9 Mira las imágenes y completa los comentarios sobre ellas: Subraya la forma correcta de *Creo / No creo* o *Pienso / No pienso* y completa con el verbo en subjuntivo o indicativo.

Ejemplo:

1. Pienso / <u>No pienso</u> que la vida de migrante ___*sea*___ *(ser)* siempre fácil.

2. Creo / No creo que la chica _____ *(estar)* estudiando un tema difícil.

3. Creo / No creo que Vigo _____ *(ser)* una ciudad aburrida.

4. Creo / No creo que todos los emigrantes _____ *(emigrar)* por trabajo. Creo / No creo que muchas personas _____ *(emigrar)* también por amor.

5. Creo / No creo que _____ *(tener que / tú)* olvidar tus raíces cuando emigras para otro país. Hoy es muy fácil seguir en contacto con tu familia y amigos.

6. Creo / No creo que cada persona _____ *(poder)* encontrar su lugar o sus lugares en el mundo.

7. Creo / No creo que todos _____ *(querer / nosotros)* y _____ *(tener / nosotros)* derecho[1] a ser felices.

1 tener derecho a *Recht haben auf*

M 2 En metro por Madrid

1 Der Imperativ mit *usted* | El imperativo con *usted*

	hablar *sprechen*	**comer** *essen*	**decir** *sagen*
[usted]	hable no hable	coma no coma	diga no diga
[ustedes]	hablen no hablen	coman no coman	digan no digan

Für den Imperativ der Höflichkeitsform mit **usted** („Sie") bzw. **ustedes** („Sie") werden die Formen der 3. Person Singular und Plural des **subjuntivo** (▶ S. 24) benutzt. Dies gilt sowohl für den bejahten als auch für den verneinten Imperativ.

Denos las monedas, por favor.
Geben Sie uns bitte die Münzen.
Explí**que**me el camino, por favor.
Erklären Sie mir bitte den Weg!
Bájese en la estación Sol.
Steigen Sie im U-Bahnhof Sol aus.
¡A**yú**denme, por favor!
Helfen Sie mir bitte!

Beim bejahten Imperativ werden Objektpronomen und Reflexivpronomen an die Imperativformen angehängt. Diese Stellungsregel kennst du schon (▶ GH 1, S. 45).

¡OJO! Wenn die Imperativform mit dem angehängten Pronomen mehr als zwei Silben hat, erhält die betonte Silbe einen Akzent.

Señoras y señores, ¡**no** <u>se</u> **preocupen**!
Meine Damen und Herren, machen Sie <u>sich</u> keine Sorgen!

Im verneinten Imperativ stehen die Pronomen direkt vor der konjugierten Verbform. Auch diese Stellungsregel kennst du schon (▶ S. 20).

2 Die indirekte Aufforderung | El imperativo indirecto

direkte Aufforderung	indirekte Aufforderung
María: «**Coge** la línea 3 y **bájate** en Lavapiés». *María: „Nimm die Linie 3 und steig in Lavapiés aus."*	María dice que **coja** la línea 3 y **me baje** en Lavapiés. *María sagt, dass ich die Linie 3 nehmen und in Lavapiés aussteigen soll.*

Willst du einen Befehl oder eine Aufforderung in der indirekten Rede wiedergeben, verwendest du die indirekte Aufforderung mit **decir que** („sagen, dass"). Bei der indirekten Aufforderung steht das Verb im **subjuntivo**. Im Deutschen wird die indirekte Aufforderung meist mit dem Verb „sollen" zum Ausdruck gebracht.

⚠ Anders als im Deutschen kann **que** („dass") nach dem Verb **decir** nicht weggelassen werden.

direkte Aufforderung	indirekte Aufforderung
Pablo: «Lláma**me** en media hora a **mi** casa». *Pablo: „Ruft mich in einer halben Stunde bei mir zuhause an."*	Pablo dice que **lo** llamemos en media hora a **su** casa. *Pablo sagt, dass wir ihn in einer halben Stunde bei ihm zuhause anrufen sollen.*

¡OJO! Denke daran, in der indirekten Aufforderung auch Pronomen und Begleiter an die Sprecherperspektive anzupassen.

M 2 En metro por Madrid

Ejercicios

El imperativo con *usted*

1 Un señor te pregunta por el camino. Completa el diálogo con las formas del imperativo con *usted*.

Señor: Perdona, ¿cómo voy desde aquí al estadio Bernabéu? ¿Está lejos? ¿Puedo ir a pie?
Tú: No, no _____ (ir) a pie. Está bastante lejos. Mejor _____ (tomar) el metro. _____ (Mirar), _____ (coger) la línea 1 hasta la Plaza de Castilla y allí _____ (cambiar) de línea. _____ (Seguir) en la línea azul en dirección a Puerta del Sur. _____ (Bajarse) en Bernabéu.

El imperativo indirecto

2 ¿Que les piden esas personas a las otras? Transforma en imperativo indirecto.

1. Coged el autobús, bajaos en Plaza Mayor y de allí seguid a pie. *(vosotras)*

Elena dice que cojáis _____

2. Piensa en el medio ambiente y usa más la bicicleta para ir al instituto. *(tú)*

Papá dice que _____

3. Estudiad bastante para el examen y no os acostéis tarde la noche anterior. *(nosotros)*

La profe _____

4. No vengas en tren, el autobús es más barato. *(yo)*

Andrés _____

5. Dile a mi hermana que me mande un mensaje. *(tú)*

Oye, tu hermana _____

3 México, un país diverso

1 Stellung und Bedeutungsänderung einiger Adjektive | Posición y cambio de significado de algunos adjetivos

> Me gustan los chicos **inteligentes**.
> *Ich mag **intelligente** Jungs.*
> Mira, tengo una bici **nueva**.
> *Guck mal, ich habe ein **neues** Fahrrad.*
>
> **¡ACUÉRDATE!**
> Wie du weißt, stehen Adjektive im Spanischen normalerweise hinter dem Substantiv, auf das sie sich beziehen.

> El año pasado pasé **varias** semanas en México.
> *Letztes Jahr habe ich **mehrere** Wochen in Mexiko verbracht.*
> La Ciudad de México es la **única** ciudad mexicana que conozco.
> *Mexiko-Stadt ist die **einzige** mexikanische Stadt, die ich kenne.*
> Frida Kahlo fue una **gran** artista mexicana.
> *Frida Kahlo war eine **bedeutende** mexikanische Künstlerin.*
> En México, la cultura maya tiene una **larga** tradición.
> *In Mexiko hat die Mayakultur eine **lange** Tradition.*
> Esta es mi **antigua** bicicleta. Ahora tengo una nueva.
> *Das ist mein **früheres** Fahrrad. Jetzt habe ich ein Neues.*

> En México se hablan lenguas **varias**.
> *In Mexiko werden **unterschiedliche** Sprachen gesprochen.*
> La Ciudad de México es una ciudad **única**.
> *Mexiko-Stadt ist eine **einzigartige** Stadt.*
>
> México es un país **grande** en América Central.
> *Mexiko ist ein **großes** Land in Mittelamerika.*
>
> Es un camino **largo** del norte al sur de México.
> *Es ist ein **langer** Weg vom Norden in den Süden Mexikos.*
> Esta es una bicicleta **antigua** del siglo XIX.
> *Das ist ein **altes** Fahrrad aus dem 19. Jahrhundert.*

Es gibt einige Adjektive, die sowohl vor als auch nach dem Substantiv stehen können. Sie haben, je nach ihrer Stellung, unterschiedliche Bedeutungen. Zu diesen Adjektiven gehören z. B. **varios/-as**, **único/-a**, **grande**, **largo/-a** und **antiguo/-a**.

	vor dem Substantiv	nach dem Substantiv
varios/-as	mehrere	unterschiedliche
único/-a	einzig	einzigartig
grande	großartig, bedeutend	groß (Fläche)
largo/-a	lang, weitreichend	lang (Entfernung)
antiguo/-a	früher, ehemalig	alt

¡OJO! Einige Adjektive (z. B. **grande → gran**) werden bei Voranstellung verkürzt.

LERNTIPP Lerne diese Adjektive zusammen mit ihren beiden Bedeutungen.

2 Das Plusquamperfekt | El pretérito pluscuamperfecto

> Acepté el trabajo aunque nunca me había imaginado hacer algo así.
> Cuando llegué a España, ya había aprendido un poco de español.
> Muchos jóvenes se fueron del pueblo porque allí no habían tenido buenas oportunidades.

Durch das **pretérito pluscuamperfecto** wird, wie im Deutschen, eine Handlung ausgedrückt, die zeitlich gesehen vor einer anderen stattgefunden hat.

38 treinta y ocho

3 México, un país diverso

		haber	Partizip
Singular	1.	había	llegado comido vivido
	2.	habías	
	3.	había	
Plural	1.	habíamos	
	2.	habíais	
	3.	habían	

Das Plusquamperfekt wird aus dem *imperfecto* von *haber* und dem Partizip Perfekt des Hauptverbs gebildet.

¡OJO! *Haber* und das Partizip bilden eine Einheit und dürfen nicht durch Pronomen oder andere Partikel (z. B. *no*) getrennt werden.

3 Adjektive mit *ser* oder *estar* (*rico, malo, bueno, listo*) | El uso de los adjetivos *rico, malo, bueno, listo*

ser + Adjektiv:
La Ciudad de México **es** muy grande.
*Mexiko-Stadt **ist** sehr groß.*
¿**Eres** creativo?
***Bist** du kreativ?*

estar + Adjektiv:
Ayer me dormí muy tarde, por eso **estoy** cansado.
*Gestern bin ich spät eingeschlafen, deswegen **bin** ich müde.*
Alejandro **está** enfermo hoy.
*Alejandro **ist** heute krank.*

¡ACUÉRDATE!
Adjektive können im Spanischen entweder mit **ser** oder mit **estar** stehen.
Die allermeisten Adjektive beschreiben eine beständige Eigenschaft bzw. ein grundlegendes Merkmal einer Person oder Sache. Sie werden mit **ser** gebraucht.
Adjektive, die mit **estar** stehen, bringen hingegen einen vorübergehenden Zustand zum Ausdruck, z. B. eine Gefühlslage, eine Stimmung oder eine Befindlichkeit.

	mit **ser**	mit **estar**
rico/-a	**ser rico/-a** *reich, wohlhabend sein* La gente de este barrio **es rica**. *Die Leute aus diesem Viertel **sind reich**.*	**estar rico/-a** *lecker sein (Essen)* ¡Mmmh! ¡Qué **rica está** la tortilla! *Mmh! Wie **lecker** die Tortilla **schmeckt**!*
malo/-a	**ser malo/-a** *schlecht, minderwertig sein (Sache); gemein sein (Person)* Este libro **es malo**. *Das Buch **ist schlecht** (geschrieben).* ¡Eres malo! *Du **bist gemein**!*	**estar malo/-a** *schlecht, verdorben sein (Essen); krank sein (Person)* La leche **está mala**. *Die Milch ist **schlecht/verdorben**.* ¿**Estás** malo? *Bist du **krank**?*

Einige wenige Adjektive können sowohl mit **ser** als auch mit **estar** gebraucht werden. Sie ändern dann ihre Bedeutung.
Von diesen Adjektiven lernst du hier **rico/-a**, **malo/-a**, **bueno/-a** sowie **listo/-a** kennen. In der Verwendung mit **ser** bezeichnen sie beständige Eigenschaften einer Person oder Sache. Mit **estar** werden sie gebraucht, um momentane Zustände zu beschreiben.

LERNTIPP Lerne die verschiedenen Bedeutungen der Adjektive beim Vokabellernen mit.

	ser bueno/-a	estar bueno/-a
bueno/-a	*gut sein (Sache); lieb sein (Person)*	*lecker sein (Essen)*
	La comida mexicana **es** muy **buena**. *Das mexikanische Essen ist sehr gut.*	¿Qué tal la tortilla? ¿**Está buena**? *Wie schmeckt die Tortilla? Ist sie lecker?*
listo/-a	ser listo/-a *schlau sein*	estar listo/-a *fertig, bereit sein*
	Esta chica **es** muy **lista**. *Dieses Mädchen ist sehr schlau.*	Chicos, ¿**estáis listos**? *Jungs, seid ihr fertig?*

Ein Beispiel: Die Aussage **La comida mexicana es buena** beschreibt eine grundsätzliche Eigenschaft. Sie bringt zum Ausdruck, dass das mexikanische Essen generell qualitativ gut ist.

La tortilla está buena hingegen bezieht sich nur auf den Zustand bzw. Geschmack der Tortilla, die gerade gegessen wird. Es geht nicht darum, ob Tortillas grundsätzlich gut schmecken, sondern ob diese bestimmte Tortilla gerade lecker schmeckt.

4 Zwei Objektpronomen im Satz | El complemento indirecto y directo en la frase

¿**Nos** mandas las fotos? → ¿**Nos** las mandas?
Schickst du uns die Fotos? → *Schickst du sie uns?*
¿**Me** compras el libro? → ¿**Me** lo compras?
Kaufst du mir das Buch? → *Kaufst du es mir?*

In einem Satz mit zwei Objektpronomen steht im Spanischen das **indirekte** vor dem direkten Objektpronomen, d. h. die Person steht vor der Sache. Im Deutschen ist es genau umgekehrt, dort steht die Sache vor der Person.

Le Les	doy el libro.	→	Se Se	lo doy.

Vor den direkten Objektpronomen *lo/s* und *la/s* werden die indirekten Objektpronomen *le/s* zu *se*.

Me Te Se Nos Os Se	lo/s la/s	dan.

Mándame las fotos. → ¡Mándamelas!

Steht das Verb im Imperativ, werden beide Objektpronomen immer angehängt.

¿Puedes mandárnoslas? = ¿**Nos** las puedes mandar?
¿Vas a comprármelos? = ¿**Me** los vas a comprar?
Está diciéndoselo. = **Se** lo está diciendo.
Estoy explicándotelo. = **Te** lo estoy explicando.

Bei **Infinitivkonstruktionen** und dem gerundio können die Pronomen entweder angehängt werden oder sie stehen vor dem konjugierten Verb.

¡OJO! Wenn die Pronomen angehängt werden, bekommt das Verb einen Akzent.

Ejercicios

Posición y cambio de significado de algunos adjetivos

1 Completa las frases con los adjetivos en la posición correcta.

| antiguo/-a | gran/de | largo/-a | varios/-as | único/-a |

1. Ayer fue un _____ día _____ para los arqueólogos[1] mexicanos: encontraron restos de un _____ templo _____ azteca.

2. Durante sus prácticas en México, Amir pasaba _____ horas _____ por día en el sitio arqueológico[2].

3. A Amir le encantan las _____ cosas _____. Por eso, en el futuro quiere ser arqueólogo.

4. A Amir le gustó mucho conocer Teotihuacán con sus templos y pirámides. Es un _____ lugar _____ y muy interesante. La ciudad tiene una _____ historia _____, llena de misterios[3].

5. De España a México es un _____ viaje _____.

6. Teotihuacán no es el _____ sitio arqueológico _____ en México. Hay más sitios, como por ejemplo Palenque en el sur del país, donde vivían los mayas. Pero la Pirámide del Sol en Teotihuacán es un _____ templo _____ por su tamaño[4]. Tiene una altura de 63 metros.

7. Durante _____ siglos _____ Teotihuacán fue un centro político, cultural y económico.

1 el/la arqueólogo/-a Archäologe/-in
2 el sitio arqueológico Ausgrabungsstätte
3 el misterio Rätsel
4 el tamaño Größe

Teotihuacán (México)

La Pirámide del Sol (Teotihuacán)

El pretérito pluscuamperfecto

2 Escucha los verbos y escribe la forma correspondiente en pretérito pluscuamperfecto.

Ejemplo: decimos → *habíamos dicho*

1. *habían bailado*
2. _____
3. _____
4. _____
5. _____
6. _____
7. _____
8. _____
9. _____
10. _____
11. _____
12. _____
13. _____
14. _____
15. _____
16. _____
17. _____
18. _____
19. _____
20. _____

3 Imagina el porqué. Utiliza resulta que + pretérito pluscuamperfecto como en el ejemplo.

Ejemplo: Llegué a la clase cansadísimo. Resulta que[1] había vuelto a casa a las dos de la mañana.

1. Siempre va en bicicleta al instituto. Pero cuando salió ayer, no la encontró.
2. Vero sacó una mala nota en Mates.
3. Amir pasó dos meses en México.
4. Ana se mudó a Galicia.
5. María le dio un jersey a Julia.
6. A las ocho, Tito ya no encontró a Lara.

- conocer a su novia allí
- olvidar su chaqueta en el insti
- no estudiar lo suficiente
- quedar a las siete
- encontrar unas prácticas en su área
- ir en autobús porque estaba lloviendo

[1] resulta que Der Grund war, dass …

Adjetivos con *ser* y con *estar*

4 ¿Ser o estar? Completa las frases con el verbo correcto.

1. ¡La Ciudad de México me encantó! Mira las casas en estas fotos. _____ enormes y _____ en un barrio muy caro. Seguro que las personas que viven allí _____ bastante ricas.

2. Creo que hoy me voy a quedar en la cama: _____ mala.

3. Esta torta _____ riquísima. ¡La tienes que probar!

4. Pablo _____ muy listo: saca buenas notas en todo. Pero también siempre ayuda a todo el mundo con los deberes. Realmente _____ gente buenísima.

5. Normalmente me gusta la comida en este restaurante. Pero esta tortilla _____ malísima.

6. Julia, ¿_____ lista? Ya tenemos que salir.

Barrio de Santa Fe (Ciudad de México)

Dos pronombres en una frase

5 a Pon los elementos de las frases en el orden correcto.

1. Sé que quieres escuchar las canciones nuevas. mañana / muestro / las / te.

   _____

2. ¿Entiendes los ejercicios? ¿los / explicas / me / por favor?

   _____

3. Diego necesita su violín. ¿lo / llevas / por favor / se?

   _____

b Completa con los pronombres que faltan. Acuérdate del orden correcto.

1. Tengo un celular nuevo. _____ _____ regaló mi abuelo.

2. –Mira estas fotos de México que recibí ayer.
   –¡Qué bonitas! Son las Barrancas del Cobre, ¿verdad?
   ¿_____ _____ mandó tu prima?

Las Barrancas del Cobre (México)

3. Ya sabemos qué le pasó a Mariana. Diego _____ _____ contó ayer.

4. ¿Estos libros son vuestros, verdad? Mañana _____ _____ devolvemos.

5. Mi hermana nunca entiende los deberes. Todos los días _____ _____ tengo que explicar.

M 3 ¿Alguna vez has estado en Centroamérica?

1 Das Perfekt | El pretérito perfecto

Todavía no	**he hablado** con el profe de Inglés.
Esta semana	**has aprendido** muchas cosas.
Hoy	Julia **ha preparado** su presentación para la clase.
Nunca	**hemos viajado** a Guatemala.

Das Geschehen in der Vergangenheit ist – zumindest aus der Sicht des Sprechers – noch nicht abgeschlossen. Häufig stehen beim *pretérito perfecto* Zeitangaben wie *hoy, esta semana, este mes/año, ya, todavía no, alguna vez, nunca*.

		haber	
Singular	1.	he	
	2.	has	
	3.	ha	estudi-**ado**
			com-**ido**
Plural	1.	hemos	sal-**ido**
	2.	habéis	
	3.	han	

Das *pretérito perfecto* wird aus einer konjugierten Form des Verbs *haber* im Präsens und dem Partizip des Hauptverbs gebildet.
Das Partizip wird aus dem Stamm des Verbs und der Endung *-ado* (bei den Verben auf *-ar*) oder *-ido* (bei den Verben auf *-er* und *-ir*) gebildet.

> **¡OJO!** Die Partizipien mancher Verben tragen einen Akzent: *traer → traído; leer → leído; oír → oído*. Ohne Akzent würden die Vokale nicht getrennt voneinander gesprochen werden, sondern als Diphthong „ai", „ei" und „oi".
> ▶ Vocales y diptongos, p. 84

Rocío me **ha comprado** un regalo.
Rocío hat mir ein Geschenk gekauft.
Ana no me **ha visto**.
Ana hat mich nicht gesehen.

Das Hilfsverb (*haber*) und das Partizip (hier: *comprado* und *visto*) bleiben immer zusammen. Pronomen (hier: *me*) oder das *no* der Verneinung stehen im Spanischen immer vor dem Hilfsverb.

1.1 Unregelmäßige Partizipien | Participos irregulares

ser	→	**sido**	decir	→	**dicho**
abrir	→	**abierto**	hacer	→	**hecho**
describir	→	**descrito**	romper	→	**roto**
escribir	→	**escrito**	ver	→	**visto**
poner	→	**puesto**	volver	→	**vuelto**

Einige Verben haben ein unregelmäßiges Partizip.

> **LERNTIPP** Du musst die unregelmäßigen Partizipien auswendig lernen.

–Hoy **hemos visto** tres películas.
–¿Hemos…? **Habéis visto**, porque no **he visto** nada.

> **¡OJO!** Das Partizip ist eine unveränderliche Form, die nicht angeglichen wird.

> **EL MUNDO DEL ESPAÑOL** In einigen Fällen, in denen in Spanien das *pretérito perfecto* verwendet wird, benutzt man in Lateinamerika stattdessen das *pretérito indefinido*.
>
> | Spanien | Lateinamerika |
> |---|---|
> | Hoy me **he levantado** tarde. | Hoy me **levanté** tarde. |
> | Esta noche **ha dormido** muy bien. | Esta noche **durmió** muy bien. |

2 Die kontrastive Verwendung von pretérito perfecto und pretérito indefinido | El uso contrastivo de pretérito perfecto y pretérito indefinido

En el año 1492 los españoles **llegaron** a América.
*Im Jahre 1492 **kamen** die Spanier nach Amerika.*
Esta mañana **he llegado** tarde al instituto.
*Heute Morgen **bin** ich zu spät zur Schule **gekommen**.*

¡ACUÉRDATE!
Du kennst bereits das **pretérito indefinido**
(▶ GH 1, S. 72).

El miércoles pasado **vine** a Panamá para conocer el país.
*Letzten Mittwoch **bin** ich nach Panamá **gekommen**, um das Land kennenzulernen.*
Ayer **caminé** por la sierra. ¡La naturaleza me **gustó** mucho!
*Gestern **bin** ich durchs Gebirge **gewandert**. Die Natur **hat** mir sehr **gefallen**!*
Hoy **he estado** en la capital, la Ciudad de Panamá. También **me he dado** un baño en el mar.
*Heute **war** ich in der Hauptstadt, in Panama-Stadt. Ich **habe** auch im Meer **gebadet**.*
Todavía no **he probado** el cou-cou. ¿Tú alguna vez lo **has comido**?
*Ich **habe** noch nicht „Cou-Cou" **probiert**. **Hast** du es schon mal **gegessen**?*

Sowohl mit dem **pretérito indefinido** als auch mit dem **pretérito perfecto** erzählst du von Handlungen und Geschehnissen in der Vergangenheit.
Mit dem **pretérito indefinido** beziehst du dich auf in der Vergangenheit abgeschlossene Handlungen, also Dinge, die sich gestern, letztes Wochenende, letztes Jahr oder auch vor Jahrhunderten ereignet haben.
Das **pretérito perfecto** wird hingegen verwendet, wenn die Handlung in einem Zeitraum stattgefunden hat, der noch nicht abgeschlossen ist, z. B. heute, diese Woche, dieses Jahr, (bisher) noch nicht, (bisher) noch nie etc.
Beide Vergangenheitszeiten werden im Deutschen mit dem Präteritum oder dem Perfekt wiedergegeben; du kannst dich bei der Wahl der Vergangenheitszeit also nicht am Deutschen orientieren.

> **LERNTIPP** Du kennst den Unterschied aber aus dem Englischen (**simple past** und **present perfect**):
> ENG   Last year I **went** to Mexico but I **have** never **been** to Guatemala.
> SPA   El año pasado **fui** a México, pero nunca **he estado** en Guatemala.

pretérito perfecto	pretérito indefinido
hoy	ayer
esta mañana	ayer por la mañana
este mes/año	el mes/año pasado
ya / alguna vez	el otro día
todavía no	en (el año) 2016
nunca	hace dos días/años
[…]	[…]

Bestimmte Zeitangaben weisen häufig darauf hin, ob das **pretérito perfecto** oder das **pretérito indefinido** verwendet werden muss.

> **LERNTIPP** Verwende im Zweifelsfall das **pretérito indefinido**. Es kann oft anstelle des **pretérito perfecto** verwendet werden, ohne dass die Aussage im Kern verändert wird. Auch viele Muttersprachler, v.a. in Galicien und Lateinamerika, tun dies.

Ejercicios

El pretérito perfecto

1 El verbo **haber**: pon las letras en el orden correcto para conjugar el verbo **haber**.

1. eh → (yo) _____
2. sah → (tú) _____
3. ah → (él, ella) _____
4. moseh → (nosotros/-as) _____
5. éisbah → (vosotros/-as) _____
6. ahn → (ellos/-as) _____

2 ¿Cuáles son los participios de estos verbos? Completa el crucigrama.

1. ponemos	3. hacen	5. voy	7. vemos	9. abre	11. pone	13. vuelvo
2. dices	4. tengo	6. escribís	8. duermen	10. son	12. estás	14. leéis

3 Lee las respuestas y escribe las preguntas correspondientes. Usa el **pretérito perfecto**.

El lago de Atitlán, Guatemala

Tikal, Guatemala

1. —_____

   —Sí, una vez, el año pasado. Mi hermana y yo viajamos a Guatemala. Fue un viaje muy especial. El lago de Atitlán y la ciudad maya *Tikal* son impresionantes.

2. —_____

   —¿Con Víctor? Sí, lo he visto hoy en la cafetería del instituto y hemos hablado. ¿Por qué?

3. –_____

–¿El proyecto para la clase de Historia? Sí, lo he terminado esta tarde. ¿Tú no?

4. –_____

–¿Tortilla de patatas? No, hasta ahora no.

5. –_____

–¿Los textos para la clase de Literatura? No, todavía no. Los vamos a leer mañana.

6. –_____

–¿La nueva película de Alejandro González Iñárritu? Sí, ¡es buenísima!

4 Subraya el adverbio temporal correcto y completa con el pretérito perfecto.

1. Ayer / Todavía no _____ (*hacer* / yo) mis deberes.

2. Esta semana / La semana pasada Omar _____ (*estar*) enfermo.

3. El sábado / Esta mañana, Ana y yo no _____ (*poner*) mucha atención en clase.

4. ¿Ayer / Ya _____ (*comer* / vosotros) toda la tortilla?

5. Este fin de semana / El fin de semana pasado _____ (*salir* / tú) con Omar, ¿verdad?

6. Mis abuelos **nunca / antes** _____ (*viajar*) a Centroamérica.

7. Hoy / Ayer _____ (*venir*) Omar para ayudarme con Mates.

8. En su último viaje / En este viaje, Omar y su primo _____ (*visitar*) varios países.

5 Reformula las frases en pretérito perfecto y con un adverbio temporal adecuado.

Ejemplo: Ayer Omar comió algo muy rico. → *Hoy Omar ha comido algo muy rico.*

1. La semana pasada Omar y su primo volvieron de su viaje.

   _____

   _____

2. El año pasado, Omar estudió bastante para la Selectividad.

   _____

   _____

3. ¿Viste a Omar la semana pasada?

   _____

   _____

4. Ayer lo llamé para quedar con él.

5. Ayer por la tarde tomamos un café y Omar me contó del viaje.

6. ¿Y qué hicisteis ayer por la noche?

El pretérito perfecto y el pretérito indefinido

6 Las clases en la universidad todavía no han empezado. Por eso, Omar está trabajando en un bar. ¿Qué dice? Utiliza el **pretérito perfecto** y el **pretérito indefinido**.

Ejemplo: *La semana pasada trabajé todos los días y esta semana he trabajado todos los días.*

1. *pasar* todas las noches en el trabajo (la semana pasada / esta semana)

2. *llegar* a casa muy tarde (el miércoles pasado / este miércoles)

3. *ver* muy poco a mis amigos (el mes pasado / este mes)

4. *acostarse* tarde y levantarse tarde (los últimos días / hoy)

5. *dormir* casi todo el día (ayer / hoy)

6. *trabajar* (el sábado pasado / este sábado)

4 Encontrar su propio camino

1 Der *subjuntivo* nach Konjunktionen | El *subjuntivo* después de conjunciones

Le escribo a Juan **para que** traiga algo de comer a la fiesta.
Te lo explico para que lo entiendas.

Nach bestimmten Konjunktionen wie *para que* steht der *subjuntivo*.

Estudio para sacar una buena nota en el examen.
Hoy Juan sale de fiesta para conocer nueva gente.

Ist das Subjekt in Haupt- und Nebensatz dasselbe, wird *para* mit dem Infinitiv verwendet.

2 Das Konditional | El condicional

Sería muy bueno hablar con un orientador laboral.
Yo, en tu lugar, no los **compraría**.
Me **encantaría** vivir un tiempo en Alemania.
¿**Podrías** ayudarme?

Mit dem Konditional kann man eine Möglichkeit oder eine höfliche Bitte ausdrücken.

		hablar	comer	vivir
Singular	1.	hablar-**ía**	comer-**ía**	vivir-**ía**
	2.	hablar-**ías**	comer-**ías**	vivir-**ías**
	3.	hablar-**ía**	comer-**ía**	vivir-**ía**
Plural	1.	hablar-**íamos**	comer-**íamos**	vivir-**íamos**
	2.	hablar-**íais**	comer-**íais**	vivir-**íais**
	3.	hablar-**ían**	comer-**ían**	vivir-**ían**

Die Endungen des *condicional* sind für alle Verbgruppen (*-ar, -er, -ir*) gleich. Alle Formen sind endungsbetont.
Bei den regelmäßigen Verben werden die Endungen immer an den Infinitiv angehängt.

Según comprendí la semana pasada, Miguel **viviría** en Lima y tú **te quedarías** en Berlín.
No, no..., yo **viviría** en Lima y Miguel **se quedaría** en Berlín.
So wie ich es letzte Woche verstanden habe, wird Miguel in Lima leben und du bleibst in Berlin.
Nein, nein, ich werde in Lima leben und Miguel bleibt in Berlin.

Die 1. und 3. Person Singular des *condicional* sind formgleich. Nur durch den Zusammenhang kannst du erkennen, um welche Form es sich handelt.

2.1 Unregelmäßige Konditionalformen | Formas irregulares en condicional

decir	**diría**...	saber	**sabría**...
hacer	**haría**...	salir	**saldría**...
poder	**podría**...	tener	**tendría**...
poner	**pondría**...	venir	**vendría**...
querer	**querría**...	haber	**habría**...

Im *condicional* gibt es eine kleine Anzahl unregelmäßiger Verben, deren Formen nicht mit dem Infinitiv gebildet werden.
Die Endungen sind aber dieselben wie bei den regelmäßigen Verben.

3 Das Futur | El futuro simple

1. En el futuro **viviremos** mucho mejor.
   In der Zukunft werden wir viel besser leben.
2. **Tendrá** unos 30 años pero no menos.
   Er wird etwa 30 Jahre alt sein, aber nicht weniger.
3. Si tenemos tiempo, te **visitaremos**.
   Wenn wir Zeit haben, werden wir dich besuchen.

Das **Futur** beschreibt Handlungen oder Zustände in der Zukunft (1).
Es wird aber auch gebraucht, um Vermutungen auszudrücken (2).
Zudem kann das **Futur** in einem realen Bedingungssatz der Gegenwart verwendet werden (3).

		hablar	comer	vivir
Singular	1.	hablar-**é**	comer-**é**	vivir-**é**
	2.	hablar-**ás**	comer-**ás**	vivir-**ás**
	3.	hablar-**á**	comer-**á**	vivir-**á**
Plural	1.	hablar-**emos**	comer-**emos**	vivir-**emos**
	2.	hablar-**éis**	comer-**éis**	vivir-**éis**
	3.	hablar-**án**	comer-**án**	vivir-**án**

Die Endungen für das Futur werden an den Infinitiv angehängt und sind für alle Verbgruppen (*-ar*, *-er* und *-ir*) gleich.
Alle Formen sind endungsbetont.

¡OJO! Außer in der 1. Person Plural tragen alle Endungen des Futurs einen Akzent.

3.1 Unregelmäßige Futurformen | Formas irregulares en futuro

decir	**diré**…	querer	**querré**…
haber	**habré**…	saber	**sabré**…
hacer	**haré**…	salir	**saldré**…
poder	**podré**…	tener	**tendré**…
poner	**pondré**…	venir	**vendré**…

Im *futuro* gibt es eine kleine Anzahl unregelmäßiger Verben, deren Formen nicht mit dem Infinitiv gebildet werden. Die Endungen sind regelmäßig.

LERNTIPP Im *condicional* und im *futuro* (S. 49) sind die gleichen Verben auf die gleiche Art unregelmäßig.

4 Das Futur II | El futuro compuesto

En dos meses **habré terminado** todos mis exámenes para este año.
In zwei Monaten werde ich all meine Abschlussarbeiten für dieses Jahr abgeschlossen haben.
En junio, mi amigo Juan y su hermano ya **habrán vuelto** a España.
Im Juni werden mein Freund Juan und sein Bruder schon nach Spanien zurückgekehrt sein.

Das **futuro compuesto** wird wie das Futur II im Deutschen für abgeschlossene Handlungen in der Zukunft verwendet.

		haber	Partizip
Singular	1.	habré	
	2.	habrás	
	3.	habrá	bailado
			comido
			vivido
Plural	1.	habremos	
	2.	habréis	
	3.	habrán	

Das *futuro compuesto* wird aus dem *futuro simple* von **haber** und dem Partizip Perfekt des Hauptverbs gebildet.

¡OJO! *Haber* und das Partizip bilden – wie in den anderen zusammengesetzten Zeiten – eine Einheit und dürfen nicht durch Pronomen oder andere Partikel (z. B. *no*) getrennt werden.

5 Konstruktionen mit *gerundio* | Construcciones con gerundio

hablar → hablando
comer → comiendo
escribir → escribiendo

ir → yendo
leer → leyendo
dormir → durmiendo

pedir → pidiendo
decir → diciendo

¡ACUÉRDATE!
Du kennst schon **estar** + **gerundio**, um auszudrücken, was jemand gerade tut.

So bildest du das **gerundio**:
– Verben auf **-ar**: Verbstamm + **-ando**
– Verben auf **-er/-ir**: Verbstamm + **-iendo**

Denke daran, dass es auch im **gerundio** einige unregelmäßige Formen gibt.

Bei den Verben mit Vokalschwächung **e** → **i** ändert sich der Stammvokal auch beim **gerundio**.

Ya **llevamos** una hora **esperando** y **sigue lloviendo**.

Man gebraucht das **gerundio** auch häufig mit den Verben **llevar**, **continuar** und **seguir**.

Alejandro **lleva** dos horas **leyendo**.
Alejandro liest schon seit zwei Stunden.

Llevar + Zeitangabe + **gerundio** bedeutet „etwas schon seit + *Zeitangabe* tun".

David quiere salir, pero Alejandro prefiere **seguir leyendo**.
David will ausgehen, aber Alejandro will lieber weiterlesen.

Seguir / continuar + **gerundio** bedeutet „etwas weiter tun".

Ejercicios

Para que + subjuntivo

1 ¿Subjuntivo o indicativo? Subraya la forma correcta.

1. Para que todos **podemos / podamos** ser felices, es importante que nos **respetamos / respetemos** unos a los otros.
2. No falta mucho tiempo para que **termináis / terminéis** el instituto.
3. Mis padres han ahorrado bastante dinero para que yo no **tenga / tengo** que trabajar durante la carrera.
4. Carlos espera que los chicos del campamento **son / sean** majos para que él también **pueda / puede** divertirse.
5. Carlos trabaja como monitor porque le **gusta / guste** trabajar con jóvenes.
6. Él dice que es importante que los chicos te **tomen / toman** en serio para que te **hacen / hagan** caso.
7. ¿Para qué **vas / vayas** a trabajar en las vacaciones?
8. Carlos piensa que en un campamento todos **seamos / somos** iguales y que allí **aprendemos / aprendamos** a convivir.
9. Eso es fundamental porque en una sociedad **tenemos / tengamos** que convivir con muchas personas.
10. Para que no **hay / haya** problemas durante el campamento, todos **tengan / tienen** que cumplir las reglas.

El condicional

2 Mira los verbos en presente de indicativo y escribe la forma correspondiente en condicional.

tiene	haces	dicen	salgo
tendría			
sabemos	podéis	vienes	pone
voy	hay	os gusta	tenemos

3 Completa el diálogo con la forma correcta de los verbos en condicional.

| trabajar | hacer (2x) | viajar | comprar | terminar | ir |

–Oye, tú y tu familia, ¿qué _____ con un millón de euros?

–¿Nosotros? ¿Con un millón? Hmmm, mi madre _____ una casa. Es que el alquiler es caro y ella prefiere tener su propia casa. Mi hermano y yo seguro que _____ un gran viaje. Tal vez a Latinoamérica. Mis abuelos también _____, pero a un país más cerca, como Italia.

–¿Y _____ el instituto?

–¿Yo? Claro que sí. Y también _____ a la universidad y después _____ como voluntaria para ayudar a otras personas.

4 Escucha los verbos y escribe la forma correspondiente en condicional.

Ejemplo: eres → *serías*

1. *haríamos*
2. _____
3. _____
4. _____
5. _____
6. _____
7. _____
8. _____
9. _____
10. _____
11. _____
12. _____
13. _____
14. _____

5 ¿Qué harías tú en el lugar de estas personas? Mira lo que dicen y formula respuestas en condicional.

hacer un voluntariado en un proyecto social	*trabajar* un año como chico au pair
viajar por Centroamérica	no *preocuparse* con eso
hablar con la orientadora laboral	*pasar* un año en Inglaterra

Este año termino el bachillerato.
No sé qué voy a hacer después.

Yo en tu lugar _____

Antes de entrar en la universidad me gustaría conocer el mundo.

Yo en tu lugar _____

4 Encontrar su propio camino

Me gustaría hacer algo para ayudar a otras personas.

Yo en tu lugar

Quiero mejorar mi inglés.

Yo en tu lugar

Tengo un poco de miedo de ir al extranjero solo. ¿Y si no encuentro amigos?

Yo en tu lugar

Me gustaría ganar un poco de dinero. Ya he trabajado con niños.

Yo en tu lugar

El futuro simple

6 Mira los verbos en pretérito imperfecto y pretérito indefinido y completa el crucigrama con las formas correspondientes del futuro simple.

5▶ quisieron
6▶ leíamos
7▶ supisteis
8▶ estudiasteis
9▶ comiste

1▼ puse
2▼ jugábamos
3▼ construyó
4▼ tenías
10▼ salí

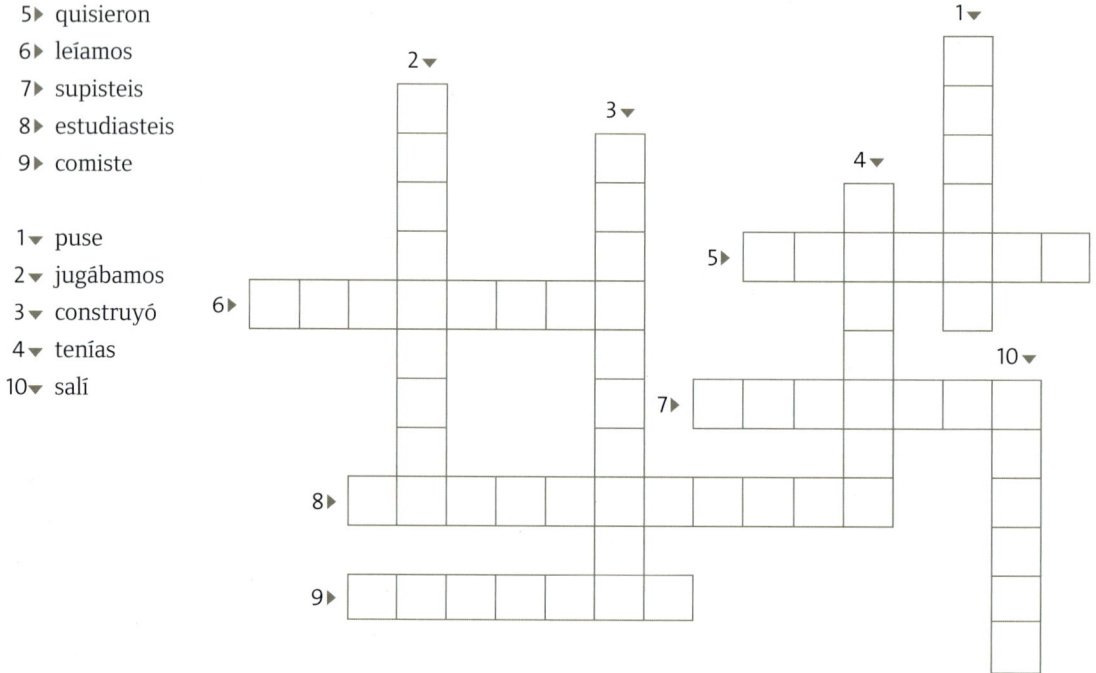

4 Encontrar su propio camino

7 Escucha los verbos en presente y escribe la forma correspondiente en futuro simple.

Ejemplo: tienes → *tendrás*

1. *iréis*
2. _____
3. _____
4. _____
5. _____
6. _____
7. _____
8. _____
9. _____
10. _____
11. _____
12. _____
13. _____
14. _____
15. _____
16. _____
17. _____
18. _____
19. _____
20. _____

8 ¿Cómo van a ser las cosas en el futuro? Formula frases en futuro simple.

1. en poco tiempo / el bachillerato / Nuria / *terminar*
   _____
   _____

2. ella / *salir* / del instituto / y / sus amigos
   _____
   _____

3. *poder* / su propio futuro / construir / todos
   _____
   _____

4. un tiempo / en los Estados Unidos / su hermano / *pasar*
   _____
   _____

5. Nuria / *ir* / un voluntariado / *hacer* / a Barcelona / en una organización social / y
   _____
   _____

6. tú y tus amigos también / *encontrar* / vuestro camino
   _____
   _____

7. decidir / qué quieres / hacer con tu vida / *poder* [tú]
   _____
   _____

8. después del instituto / diferente / ser / completamente / tu vida
_____
_____

9. pero / medio ambiente / no haber / sin / futuro
_____
_____

10. tener que [nosotros] / todos / proteger[1] / por eso / el medio ambiente
_____
_____

[1] proteger schützen

Seguir / llevar / continuar + gerundio

9 Formula frases con seguir / llevar / continuar + gerundio.

1. Nuria ya _____ (llevar) tres horas _____ (ver) su serie favorita.
2. Su hermano _____ (continuar) _____ (leer) su libro.
3. El recreo ya ha terminado, pero los chicos _____ (seguir) _____ (charlar) en el patio.
4. La amiga de Nuria _____ (llevar) dos años _____ (estudiar) en la universidad de Toledo.
5. Ya es tarde, pero los chicos _____ (continuar) _____ (jugar) al baloncesto en el parque.
6. ¿Queréis _____ (seguir) _____ (jugar) o ya vamos a casa?
7. Al orientador se le ha pasado la hora. Su novia ya _____ (llevar) una hora _____ (esperar) delante del cine y él _____ (continuar) _____ (trabajar) en su oficina.

Toledo

Puente de San Martín (Toledo)

M 4 Un retrato de la juventud española

1 Die Possessivpronomen | Los pronombres posesivos

Mis amigos son muy importantes para mí.
Meine Freunde sind sehr wichtig für mich.
Nuestra prima nos enseñó a nadar.
Unsere Cousine hat uns das Schwimmen beigebracht.

¡ACUÉRDATE!
Du kennst schon die Possessivbegleiter **mi/s, tu/s, su/s, nuestro/-a/s, vuestro/-a/s, su/s** (▶ GH 1, S. 18). Sie stehen immer vor dem Substantiv, auf das sie sich beziehen und werden daran angeglichen.

Bezugswort männlich		Bezugswort weiblich	
(el/los)	mío/s tuyo/s suyo/s nuestro/s vuestro/s suyo/s	(la/las)	mía/s tuya/s suya/s nuestra/s vuestra/s suya/s

Mit den Possessivpronomen drückst du Besitz oder Zugehörigkeit aus. Sie stehen nach dem bestimmten Artikel (**el, la, los, las**) und werden in Numerus und Genus an ihr Bezugswort angeglichen.

¡OJO! Das Possessivpronomen **suyo/-a** kann sowohl „seine/r/-s" als auch „ihre/r/-s" bedeuten.

¿Cuáles son tus asignaturas favoritas? **Las nuestras** son Biología y Química.
*Was sind deine Lieblingsfächer? **Unsere** sind Biologie und Chemie.*
Ese no es el móvil de Sandra. **El suyo** está aquí.
*Das ist nicht Sandras Handy. **Ihres** ist hier.*
La bici de mi amigo es negra. **La mía** es blanca.
*Das Fahrrad meines Freundes ist schwarz. **Meins** ist weiß.*

Die Possessivpronomen ersetzen ein Substantiv und können auch ohne ihr Bezugswort in einem Satz stehen.

—¿Este ukelele **es tuyo**?
—**Gehört** diese Ukulele **dir**?
—No, no **es mío**. Pero pregúntale a Martín, creo que **es suyo**.
—*Nein, sie **gehört mir** nicht. Aber frag mal Martín, ich glaube, es **ist seine**.*

Die Possessivpronomen können nach dem Verb **ser** auch ohne Artikel gebraucht werden.
Dann werden sie meist mit „jemandem gehören" übersetzt.

Carolina es una amiga **mía**.
*Carolina ist eine Freundin **von mir**.*
¿Estos chicos son amigos **tuyos**?
*Sind diese Jungs Freunde **von dir**?*

Du kannst ein Possessivpronomen auch als Begleiter wie ein nachgestelltes Adjektiv verwenden. Das kommt häufig mit dem Bezugswort **amigo/-a** vor und entspricht dem Deutschen „von mir", „von dir" etc.

Ejercicios

Los pronombres posesivos

1 a Encuentra los **pronombres posesivos** en la sopa de letras y escríbelos con los artículos correspondientes. Puede haber más de una posibilidad.

A	V	E	N	U	B	E	T	J	V
L	S	U	Y	O	S	M	U	Ó	U
A	U	Y	E	L	L	Í	Y	V	E
S	T	Í	O	S	I	O	A	E	S
A	N	U	E	S	T	R	O	N	T
Í	V	O	Y	L	O	R	Y	E	R
M	O	A	H	S	U	Y	A	S	O
Ú	Y	N	U	E	S	T	R	A	S

mein/e: *el mío*

dein/e: _____

sein/e, ihr/e, Ihr/e: _____

unser/e: _____

euer / eure: _____

ihr/e, Ihr/e: _____

b ¿Cómo lo dices en español? Usa los **pronombres posesivos**.

1. *Auf unserer Schule lernen wir Spanisch. Und auf eurer?*

2. *Meine Eltern unterstützen mich. Und deine?*

3. *Mein Plan ist es, die Werke von vielen Künstlern kennenzulernen. Und Ihrer?*

4. *In fast allen Städten gibt es vegetarische Restaurants. In unserer auch.*

2 Algunos jóvenes hablan sobre sus cosas. Completa los diálogos con los **pronombres posesivos**.

1. **Martín:** ¿Cuál es vuestro grupo favorito? El _____ es Txarango.

   Gemma y Bianca: ¡El _____ también!

2. **María:** Mario, ¿de quién son estas camisetas?

   ¿Son _____ ?

   Mario: Sí, son _____ .

3. **Jorge:** ¿Quiénes son los chicos en esta foto?

   Sidi: Rafa y Xoán. Son amigos _____ de Galicia.

Evaluación 1

1 ¿Qué escribe Lorena en su diario? Completa el texto con los verbos en pretérito indefinido o pretérito imperfecto.

Querido diario[1]:

Ayer _____ (venir) Teresa y Luis de visita. _____ (llegar) a las dos de la tarde a la estación de tren. A las tres _____ (ir / nosotros) al centro y después, como _____ (hacer) calor, _____ (ir / nosotros) a la playa. Además, desde hace tiempo yo _____ (querer) probar un restaurante nuevo cerca de la playa. Los tres _____ (comer) paella. ¡_____ (estar) riquísima!

Por la noche _____ (decidir / nosotros) ir al cine y _____ (ver) una película genial. En la peli _____ (haber) dos chicas que _____ (estudiar) juntas en un instituto y _____ (tener) muchos problemas con los profes. ¡La peli me _____ (parecer) muy divertida!

Mientras _____ (estar / nosotros) en el cine, _____ (recibir / yo) un mensaje de Carlos. _____ (querer / él) salir a bailar, pero yo no _____ (poder), porque _____ (estar) con Teresa y Luis.

Después del cine, Teresa, Luis y yo _____ (entrar) en una cafetería y _____ (pedir) algo para tomar. Yo le _____ (escribir) un mensaje a Carlos y poco después él también _____ (llegar). _____ (charlar / nosotros) mucho y _____ (divertirse / yo) un montón. ¡Genial!

1 el diario Tagebuch

2 Reformula las frases en el pasado. Usa el pretérito indefinido y/o pretérito imperfecto según corresponde.

1. En esta época del año no vamos a la montaña porque llueve bastante.

   En las vacaciones pasadas tampoco _____
   _____

2. Mientras preparo mi presentación, tú estudias para el examen de Inglés.

   La semana pasada, _____
   _____

3. Normalmente cuando Juan viene a Madrid, él y Julia salen mucho.

   Antes, _____
   _____

cincuenta y nueve **59**

3 Completa el folleto con la forma correcta de los verbos en indicativo o en subjuntivo.

Playa limpia[1]

¡Buscamos voluntarios (m/f/d)!

En nuestro proyecto *Playa Limpia* creemos que todos nosotros _____ (*ser*) responsables[2] de nuestras playas. Para que todas las personas _____ (*poder*) disfrutar de la playa, pensamos que todos _____ (*tener*) que hacer su parte. Por eso, para nosotros es importante que los jóvenes de la región _____ (*conocer*) nuestro proyecto y que _____ (*venir*) a trabajar con nosotros. ¿Tú también crees que _____ (*ser*) importante lo que hacemos? ¿También quieres que este mundo _____ (*ser*) mejor para todos? ¿Es importante para ti también que el turismo no _____ (*destruir*) nuestras playas y que los peces y otros animales marítimos[2] _____ (*vivir*) bien en nuestras costas? ¿Te parece bien que jóvenes y adultos _____ (*trabajar*) juntos para eso? Entonces ven y trabaja como voluntario o en nuestro proyecto. ¡Puedes estar seguro de que _____ (*poder*) y _____ (*querer*) aprender cosas nuevas y de que, además, te _____ (*ir*) a divertir bastante!

1 limpio/-a sauber 2 responsable de verantwortlich für 3 marítimo/-a Meeres-

4 Contesta a las preguntas y utiliza **dos pronombres** como en el ejemplo.

Ejemplo: —¿Me das mi móvil, por favor?
—*Sí, te lo doy.*

1. ¿Explicas el ejercicio a tus hermanos?

— _____

2. ¿Quién os dio mi dirección? ¿Lina?

— _____

3. Chicos, ¿ya le habéis mostrado las fotos del viaje a Juan?

—_____

4. ¿Abuela, nos cuentas la historia de cómo conociste al abuelo?

—_____

5. ¿Me mandas los números de Juan y Lina, por favor?

—_____

6. ¿Lina te devolvió el dinero del cine?

—_____

5 ¿Qué hicieron los chicos y qué habían hecho antes? Completa las frases con el **pretérito pluscuamperfecto**.

1. Cuando mis padres llegaron a casa ayer, mi abuelo ya _____ (*preparar*) la paella.

2. Cuando llamé a Roberto para quedar, él todavía no _____ (*terminar*) los deberes.

3. Perdí el autobús y cuando finalmente llegué, vosotros ya _____ (*irse*).

4. —¿Qué te pareció la peli? A mí me gustó mucho, pero ya la conocía.

   —¿En serio? ¿Por qué no me dijiste antes que ya la _____ (*ver*)?

5. Cuando Lena volvió del extranjero, muchas cosas _____ (*cambiar*) en su barrio.

6. Nunca _____ (*comer* / nosotros) paella antes de visitar Valencia el año pasado.

Una paella

6 Reformula las frases. Sustituye el futuro inmediato (ir + a + infinitivo) por el **futuro simple**.

1. David va a pasar un año en Argentina.

   _____

2. Después va a volver a España.

   _____

3. Marco y él van a hacer muchas cosas juntos.

_____

7 Escucha lo que hicieron los chicos y apunta lo que harán otra vez, usando el futuro simple.

Ejemplo: Hace dos semanas mis amigos y yo salimos a un bar.
→ El próximo sábado *mis amigos y yo saldremos a un bar (otra vez)*.

1. El próximo año _____.
2. En verano _____.
3. En octubre _____.
4. El año que viene _____.
5. En un mes _____.
6. El sábado _____.
7. En unos años _____.

8 ¿Cuáles son los participios de estos verbos? Escucha y completa.

[crossword grids]

9 ¡Qué día! Hoy los chicos han hecho muchas cosas. Completa las frases con el pretérito perfecto.

1. Ana _____ (visitar) a su abuela en el pueblo hoy.
2. Juan y su hermano _____ (ayudar) a su padre con la cena.
3. Mis amigos y yo _____ (ir) al bar y _____ (bailar).
4. -Julia, ¿ya _____ (escribir) el e-mail para tu profe? -No, todavía no, pero le _____ (decir) esta mañana en clase que tenemos que hablar.
5. Y vosotros, ¿qué _____ (hacer) hoy?

5 ¡Descubre las Baleares!

Zur Bildung und Verwendung der Vergangenheitszeiten schaue dir die folgenden Seiten in deinem Grammatiktrainer an:

- das *pretérito indefinido* (Band 1: Unidad 6: S. 72–74)
- das *pretérito imperfecto* (Unidad 1: S. 6)
- das *pretérito perfecto* (Módulo 3: S. 44)
- das *pretérito pluscuamperfecto* (Unidad 3: S. 38)
- die Verwendung des *pretérito indefinido* und des *pretérito imperfecto* (Unidad 1: S. 8–10)
- die Verwendung des *pretérito perfecto* und des *pretérito indefinido* (Módulo 3: S. 45)

Ejercicios

Los tiempos del pasado

1 ¿Pretérito indefinido, imperfecto, perfecto o pluscuamperfecto? Subraya la opción correcta.

1. Hoy Julia y su amiga **han salido / habían salido** a correr.
2. **Hacíamos / Hicimos** plogging ayer, aunque ya lo **habíamos hecho / hemos hecho** el día antes.
3. Antes, Magdalida **vivía / vivió** en Ibiza. Pero **ha venido / vino** a Mallorca hace algunos años, cuando su marido **encontraba / encontró** un trabajo en la isla.
4. Al principio, el trabajo por turnos **había sido / era** difícil para la familia de Marc. Pero ahora ya **se han acostumbrado / se acostumbraron**.
5. –¿Por qué no **fuisteis / habéis ido** a Palma hoy? –Porque **fuimos / íbamos** ayer.

2 Completa con la forma correcta del pretérito indefinido, imperfecto, perfecto o pluscuamperfecto.

1. Ayer, cuando Sonia y Miriam _____ (llegar) a casa, Marc no _____ (estar). Es que ya _____ (salir) a trabajar.
2. Ayer _____ (acostarme / yo) muy tarde y hoy me _____ (costar) levantarme.
3. –¿_____ (estar / tú) alguna vez en Mallorca?
   –No, pero mi mejor amigo _____ (estar) allí el año pasado. Nunca _____ (estar / él) en las Baleares y la isla le _____ (encantar).
4. Antes, cuando _____ (vivir / nosotros) en Ibiza, todavía no _____ (haber) tanto turismo en las Baleares.
5. Desde 1960, cuando el turismo de masas _____ (empezar) a llegar a Mallorca, _____ (cambiar) muchas cosas.
6. ¿*Plogging*? Nunca _____ (oír / yo) esa palabra, ¡pero la idea me parece genial!

M 5 España en los siglos XX–XXI

1 La voz pasiva | Das Passiv

Aktiv: Muchos países de Europa **declararon** el euro la moneda oficial en 2002.
Passiv: El euro **fue declarado** la moneda oficial **por** muchos países de Europa en 2002.

A: Seis países diferentes **fundaron** la Unión Europea en el siglo pasado.
P: La Unión Europea **fue fundada** por seis países diferentes en el siglo pasado.

A: España **exporta** muchos alimentos dentro de toda la Unión Europea.
P: Muchos alimentos **son exportados** por España dentro de toda la Unión Europea.

A: Los diputados en el Parlamento Europeo **toman** las decisiones de la Unión Europea.
P: Las decisiones de la Unión Europa **son tomadas** por los diputados en el Parlamento Europeo.

A: La empresa no **paga** las prácticas.
P: Las prácticas no **son pagadas** por la empresa.

Pasiva refleja:
Las prácticas no se pagan.

Das Passiv wird aus *ser* + Partizip gebildet. *Ser* entspricht im Passiv dem deutschen „werden" und kann in allen Zeiten benutzt werden.
Das **Partizip** wird hier wie ein Adjektiv in Genus und Numerus angeglichen.
Dem Passiv liegt ein Satz im Aktiv zu Grunde. Das direkte Objekt des Aktivsatzes ist das Subjekt des Passivsatzes.
Das Subjekt des Aktivsatzes kann durch die Präposition **por** angeschlossen werden.

¡OJO! Das Passiv wird im mündlichen Sprachgebrauch selten verwendet. Es taucht vor allem in Zeitungsberichten auf. Häufig verwendet man stattdessen das *pasiva refleja*, das du bereits in Band 1 kennen gelernt hast.
▶ Band 1 S. 88/1

2 Nebensatzverkürzung mit *gerundio* | Abreviación de oraciones subordinadas con gerundio

Estudiando más, sacarás buenas notas en los próximos exámenes.
Wenn du mehr lernst, *bekommst du in den nächsten Prüfungen gute Noten.*

Ayer vi a unos jóvenes en la plaza **bailando y cantando alegremente**.
Gestern habe ich ein paar junge Leute auf dem Platz gesehen, **die fröhlich sangen und tanzten**.

Manche Nebensätze lassen sich im Spanischen durch ein *gerundio* verkürzen. Im Deutschen kannst du diese Sätze mit einem entsprechenden konjunktionalen Nebensatz (eingeleitet durch *wenn*, *indem*, etc.) oder einem Relativsatz wiedergeben.

M 5　España en los siglos XX–XXI

Ejercicios

La voz pasiva

1 ¿Sabías estos hechos sobre el mundo hispano? Lee las frases en **voz pasiva** y reescríbelas en voz activa.

Ejemplo: El famoso cuadro «Guernica» fue pintado por Pablo Picasso en 1937. → *Pablo Picasso pintó el famoso cuadro «Guernica» en 1937.*

1. Los historiadores no saben muy bien por qué Teotihuacán fue dejada por los habitantes en el siglo VII.

   _____

   _____

2. «Don Quijote» fue escrito por Miguel de Cervantes en 1605.

   _____

   _____

3. Barcelona fue la ciudad elegida para los Juegos Olímpicos de 1992 por el Comité Olímpico Internacional.

   _____

   _____

   Miguel de Cervantes

4. La Ciudad de las Artes y las Ciencias en Valencia fue construida entre 1991 y 2006 por el arquitecto Santiago Calatrava.

   _____

   _____

5. En 2006, Michelle Bachelet fue elegida la primera mujer presidente por los chilenos.

   _____

   _____

6. En Nazca, figuras de animales grandísimas fueron dibujadas por los indígenas de la región.

   _____

   _____

7. La ciudad de Machu Picchu fue construida por los incas en el siglo XV.

   _____

   _____

las líneas de Nazca

sesenta y cinco **65**

6 Perspectivas del mundo digital

1 Das Relativpronomen *el/la cual* mit Präposition | El pronombre relativo *el/la cual* con preposición

Tengo un amigo **que** vive en Argentina.
*Ich habe einen Freund, **der** in Argentinien wohnt.*
Siempre voy a una plaza **donde** hay mucha gente.
*Ich gehe immer auf einen Platz, **wo** viele Leute sind.*
Estudiar para los exámenes es **lo que** menos me gusta.
***Was** mir am wenigsten gefällt, ist für Klausuren zu lernen.*

¡ACUÉRDATE!
Du kannst schon Relativsätze mit den Relativpronomen *que*, *lo que* und *donde* bilden. Mit ihnen kannst du Personen, Dinge, Orte und Sachverhalte genauer beschreiben.

En Ingapirca hay un templo **desde el cual** los incas observaban las estrellas.
*In Ingapirca gibt es einen Tempel, **von dem aus** die Inkas die Sterne beobachteten.*
Cuzco, ciudad **en la cual** vivía el Inca, era la capital del imperio.
*Cuzco, die Stadt, **in der** der Inka lebte, war die Hauptstadt des Reiches.*
Los mensajeros **con los cuales** los incas mandaban mensajes se llamaban chasquis.
*Die Boten, **mit denen** die Inkas Nachrichten schickten, hießen Chasquis.*

Relativsätze mit **el/la cual** und einer Präposition leitest du so ein:

Präposition	Artikel	Relativpronomen
de	el	cual
a	la	
con		
en	los	cuales
desde	las	
[…]		

Der Artikel richtet sich dabei nach dem Bezugswort.

¡OJO!
Denke daran:
de + el cual → **del** cual
a + el cual → **al** cual

(1) Mi amigo Juan, **con el cual** salgo mucho de fiesta, tiene una novia de Australia.
*Mein Freund Juan, **mit dem** ich oft feiern gehe, hat eine Freundin aus Australien.*

(2) La chica **de la cual** te hablé ayer se llama Julia.
*Das Mädchen, **von dem** ich dir gestern erzählt habe, heißt Julia.*

Wie im Englischen unterscheidet man auch im Spanischen bei Relativsätzen zwischen *frases explicativas* (1) und *frases especificativas* (2). Erstere haben eine erläuternde Funktion (sie geben also eine Art Zusatzinformation zu ihrem Bezugswort). Letztere hingegen haben eine eingrenzende Funktion. Bei den *frases explicativas* werden Kommata am Anfang und Ende des Relativsatzes gesetzt, bei den *frases especificativas* hingegen nicht.

2 Das Relativpronomen *cuyo/-a* | El pronombre relativo *cuyo/-a*

	männlich	weiblich
Singular	**cuyo** amigo *dessen/deren* Freund	**cuya** amiga *dessen/deren* Freundin
Plural	**cuyos** amigos *dessen/deren* Freunde	**cuyas** amigas *dessen/deren* Freundinnen

Das Relativpronomen **cuyo/-a** kann im Deutschen mit „dessen/deren" wiedergegeben werden. Es wird in Genus und Numerus an das Bezugswort angepasst.

Pablo es mi amigo **cuyo** padre es de Bolivia.
Pablo ist mein Freund, dessen Vater aus Bolivien stammt.
Salamanca es una ciudad **cuyas** plazas son muy bonitas.
Salamanca ist eine Stadt, deren Plätze sehr schön sind.

¡OJO! Cuyo/-a richtet sich in Genus und Numerus nach dem folgenden Substantiv und nicht, wie im Deutschen, nach dem vorausgehenden Substantiv.

3 Der *imperfecto de subjuntivo* | El *imperfecto de subjuntivo*

3.1 Bildung | Morfología

Infinitiv	**tom**ar	**com**er	**viv**ir
pretérito indefinido			
3. Person Plural	tomaron → tomar~~on~~	comieron → comier~~on~~	vivieron → vivier~~on~~

Der *imperfecto de subjuntivo* wird für alle Verben von der **3. Person Plural** des *pretérito indefinido* abgeleitet:
Man streicht die letzten beiden Buchstaben dieser Form (**-on**) und erhält so den Stamm des *imperfecto de subjuntivo*, an den man die Endungen anhängt.

imperfecto de subjuntivo			
Singular	1. tomar-a 2. tomar-as 3. tomar-a	comier-a comier-as comier-a	vivier-a vivier-as vivier-a
Plural	1. tomár-amos 2. tomar-ais 3. tomar-an	comiér-amos comier-ais comier-an	viviér-amos vivier-ais vivier-an

Die Endungen sind beim *imperfecto de subjuntivo* für alle Verben gleich.
Da bei der **1. Person Plural** die Betonung auf der drittletzten Silbe liegt, trägt diese einen **Akzent**.

¡OJO! Neben den Formen auf -ra gibt es auch bedeutungsgleiche Formen auf -se: tomase, tomases, tomase, tomásemos, tomaseis, tomasen

Infinitiv	3. Person Plural pretérito indefinido	imperfecto de subjuntivo
dar	dieron	diera, dieras…
decir	dijeron	dijera, dijeras…
estar	estuvieron	estuviera, estuvieras…
haber	hubieron	hubiera, hubieras…
hacer	hicieron	hiciera, hicieras…

¡OJO! Da der *imperfecto de subjuntivo* immer von der 3. Person Plural des *pretérito indefinido* abgeleitet wird, werden auch Unregelmäßigkeiten übernommen.

LERNTIPP Wiederhole die unregelmäßigen Verben des *pretérito indefinido*. ▶ S. 94–95

d**o**rmir[1] (o → u)	d**u**rmieron → d**u**rmier~~on~~	d**u**rmiera, d**u**rmieras…
rep**e**tir[2] (e → i)	rep**i**tieron → rep**i**tier~~on~~	rep**i**tiera, rep**i**tieras…

Die Ableitungsregel gilt natürlich auch für die Verben mit Vokalwechsel in der 3. Person.
1 ebenso: *morir*
2 ebenso: *seguir, pedir*

3.2 Der Gebrauch des *imperfecto de subjuntivo* | El uso del imperfecto de subjuntivo

Espero que lo **pases** bien en Madrid.
Ich hoffe, dass es dir in Madrid gut ergeht.
No queremos que **llegues** tan tarde a casa.
Wir wollen nicht, dass du so spät nach Hause kommst.
Es importante que no **olvidemos** nuestras tradiciones.
Es ist wichtig, dass wir unsere Traditionen nicht vergessen.

¡ACUÉRDATE!
Du kennst bereits das **presente de subjuntivo**, das du zum Ausdruck von Wünschen, Zielen, Absichten, Gefühlen sowie nach unpersönlichen Ausdrücken in der Gegenwart verwendest.
Es steht nach bestimmten „Auslösern" wie **esperar que, querer que, es importante que** etc. oder auch nach bestimmten Konjunktionen wie **para que**.

Me molestó que mi amigo me **mandara** mensajes todo el tiempo.
Es hat mich gestört, dass mein Freund mir die ganze Zeit Nachrichten geschickt hat.
Fue importante que **borraran** la cuenta.
Es war wichtig, dass sie das Profil löschen.
No querían que **colgara** sus fotos.
Sie wollten nicht, dass ich ihre Fotos hochlade.
Te lo expliqué para que lo **entendieras**.
Ich habe es dir erklärt, damit du es verstehst.

LERNTIPP Das **imperfecto de subjuntivo** ist die Vergangenheitsform des **subjuntivo**.

Wenn du von Gefühlen wie Überraschungen, Wünschen, Hoffnungen, Ängsten etc. in der Vergangenheit sprichst, verwendest du anstelle des **presente de subjuntivo** das **imperfecto de subjuntivo**.
Die „Auslöser" sind die gleichen. Auch sie stehen in diesem Fall in einer Vergangenheitszeit.

A Julia no le molestaría que su abuela **viviera** con ella.
Julia würde es nicht stören, wenn ihre Oma bei ihr wohnen würde.

Auch wenn die „Auslöser" im **condicional** stehen, steht das folgende Verb im **imperfecto de subjuntivo**.

Mit der Form **quisiera** (des Verbs **querer**) kannst du auch eine höfliche Bitte zum Ausdruck bringen.

–Hola, **quisiera** hablar con Julia, por favor.
–*Hallo, ich würde bitte gerne mit Julia sprechen.*

4 Der irreale Bedingungssatz der Gegenwart | La frase condicional irreal en presente

	Bedingungssatz	Hauptsatz
1	presente de indicativo: Si **tengo** tiempo, *Wenn ich Zeit habe,*	futuro: **voy** a ir a Buenos Aires. *werde ich nach Buenos Aires fahren.*
2	imperfecto de subjuntivo: Si **tuviera** tiempo, *Wenn ich Zeit hätte,*	condicional: **iría** a Buenos Aires. *würde ich nach Buenos Aires fahren.*

Satz 1 ist ein **realer Bedingungssatz der Gegenwart**, weil die Bedingung, die im si-Satz steht, erfüllt werden kann (▶ Band 1, S. 60/1).

Satz 2 ist ein **irrealer Bedingungssatz der Gegenwart**, weil es nicht wahrscheinlich ist, dass die Bedingung, die im *si*-Satz steht, erfüllt wird. Im **irrealen Bedingungssatz der Gegenwart** steht im *si*-Satz der *imperfecto de subjuntivo* und im Hauptsatz der *condicional*.

5 Das *pluscuamperfecto de subjuntivo* | El pluscuamperfecto de subjuntivo

he había	comprado comido recibido hecho dicho visto abierto

¡ACUÉRDATE!
Du weißt bereits, wie man das Partizip bildet und du kennst auch die Partizipien der unregelmäßigen Verben.
Außerdem kennst du bereits Zeiten, die mit dem Partizip gebildet werden, wie das **pretérito perfecto** und das **pretérito pluscuamperfecto**.

		haber (en imperfecto de subjuntivo)	Partizip
Singular	1. 2. 3.	hubiera hubieras hubiera	comprado comido recibido hecho dicho visto abierto …
Plural	1. 2. 3.	hubiéramos hubierais hubieran	

Eine weitere Vergangenheitszeit, die mit dem Partizip gebildet wird, ist das **pluscuamperfecto de subjuntivo**. Du benötigst es, um eine irreale Bedingung in der Vergangenheit auszudrücken, d. h. eine Bedingung, die nicht erfüllt wurde. Das **pluscuamperfecto de subjuntivo** wird mit dem Hilfsverb **haber** im **imperfecto de subjuntivo** sowie dem Partizip des Vollverbs gebildet.
Um eine irreale bzw. unerfüllte Bedingung in der Vergangenheit auszudrücken, verwendest du **si** („wenn") + **pluscuamperfecto de subjuntivo.**

6 Der *condicional compuesto* | El condicional compuesto

Seguro que Julia nos **ayudaría**.
Bestimmt würde Julia uns helfen.
¿Qué **dirían** tus amigos?
Was würden deine Freunde sagen?

¡ACUÉRDATE!
Du kennst bereits den **condicional simple** (▶ S. 49/2), mit dem du ausdrücken kannst, was jemand (nicht) tun würde.

		haber (en condicional)	Partizip
Singular	1.	habría	compr**ado**
	2.	habrías	com**ido**
	3.	habría	recib**ido**
Plural	1.	habríamos	he**cho**
	2.	habríais	di**cho**
	3.	habrían	**visto**

Während sich der **condicional simple** auf die Gegenwart bezieht, bezieht sich der **condicional compuesto** auf die Vergangenheit.
Er wird mit dem Hilfsverb **haber** im **condicional** und dem Partizip des Vollverbs gebildet

Habría tenido demasiado miedo.
Ich hätte zu viel Angst gehabt.
¿Qué **habríais hecho** vosotros en mi lugar?
Was hättet ihr an meiner Stelle getan?

Mit dem **condicional compuesto** drückst du aus, was jemand (nicht) getan hätte.

7 Der irreale Bedingungssatz der Vergangenheit | La oración condicional irreal en pasado

¿Qué habría pasado si Colón nunca hubiera llegado a América?

Den irrealen Bedingungssatz der Vergangenheit verwendest du, um zu sagen, was unter anderen Umständen in der Vergangenheit geschehen wäre.

Si no **hubieras colgado** las fotos sin preguntar, no se **habría enfadado** contigo.
Wenn du die Fotos nicht ohne zu fragen hochgeladen hättest, wäre er nicht wütend auf dich gewesen.

Zur Bildung des irrealen Bedingungssatzes der Vergangenheit brauchst du einen Nebensatz mit **si + pluscuamperfecto de subjuntivo** und einen Hauptsatz mit dem **condicional compuesto**.

Aber: Wenn sich der Hauptsatz auf die Gegenwart bezieht, steht im Hauptsatz anstelle des **condicional compuesto** der einfache **condicional simple**.

Si hubiera estudiado más para el examen, (ahora) no **estaría** tan nerviosa.
Wenn ich mehr für die Klausur gelernt hätte, wäre ich (jetzt) nicht so nervös.

Ejercicios

El imperfecto de subjuntivo

1 a Mira los verbos en presente. Escribe primero la tercera persona plural del pretérito indefinido y después la forma correspondiente del **imperfecto de subjuntivo**.

presente	bailo	comes	vivimos
indefinido (3era persona plural)	bailaron		
imperfecto de subjuntivo	bailara		

da	pongo	tenéis	puedes

ven	sabéis	dice	vamos

b Completa las frases con los verbos en **imperfecto de subjuntivo** del ejercicio **a**.

1. Estoy muy decepcionado[1] contigo. No pensé que _____ hacer algo así.

2. Era muy importante para tu salud que _____ frutas y verduras cuando eras pequeña. Por suerte, siempre te gustó todo.

3. Cuando era niño, quería que mi familia y yo _____ en un pueblo. Pero ahora me gusta la vida en la ciudad.

4. En la fiesta, Vicky quería que _____ salsa con ella. ¡Justo[2] yo, que tengo dos pies izquierdos!

5. –¿Dónde has puesto mi celular?

    –Me pediste que lo _____ encima de la mesa. ¿No está allí?

6. Yo realmente esperaba que Luci me _____ la verdad[3], pero ¿qué hizo? ¡Me contó más mentiras!

7. Nos sorprendió que nuestra abuela nos _____ el dinero para el viaje porque antes había dicho que no quería que _____.

8. ¿No os molestó que _____ que dejar de usar el móvil durante el proyecto?

9. La primera vez que visité un templo maya, me quedé fascinada. Quisiera que un día mis padres lo _____ también. Les va a encantar.

10. Chicos, ¿estáis bien? ¡Habéis tardado tanto! Teníamos miedo de que no _____ volver solos.

1 decepcionado/-a enttäuscht   2 justo *hier*: ausgerechnet   3 la verdad Wahrheit

2 Formula frases. Pon los infinitivos en pretérito imperfecto o en imperfecto de subjuntivo.

1. *Tener* (nosotros) miedo / demasiado calor / de que / *hacer* / el día de la excursión.

   Teníamos miedo de que ...

2. Al principio / sus móviles / no les *gustar* / usar / no *poder* / durante una semana / que / a los alumnos.

3. A mis padres / que / mi hermana y yo / *salir* / sin móvil / les *molestar* / durante una semana.

4. Antes / *estar* (yo) / no le *gustar* / siempre / que / con el móvil / a mi abuela.

5. *Esperar* (yo) / conmigo / *hablar* (tú) / que / sobre tus problemas.

6. *Querer* (yo) / *venir* (vosotras) / a mi fiesta / que.

7. *estar* muy feliz / el fin de semana juntos / Mi abuelo / *pasar* (nosotros) / de que.

La frase condicional irreal en presente

3 Reformula las frases en **frases condicionales irreales del presente** como en el ejemplo.

Ejemplo: Trabajo, por eso, no voy a la fiesta. → *Si no trabajara, iría a la fiesta.*

1. Esta tarde trabajo. Por eso, no puedo quedar contigo.
   _____

2. No hablo gallego. Por eso, no entiendo a Xoán.
   _____

3. No tenemos dinero. Por eso, no te invitamos a comer.
   _____

4. Óscar es tímido. Por eso, le resulta difícil conocer personas nuevas.
   _____

5. A Sara no le gustan los mariscos, por eso no come paella.
   _____

6. Mis padres no están. Por eso, hago la fiesta en mi casa.
   _____

7. Tenéis miedo de lo desconocido. Por eso, os perdéis experiencias fantásticas.
   _____

8. Sabemos ya que Ana quiere quedarse en casa. Por eso, no le contamos de la fiesta.
   _____

9. Si me lo dices tú, me lo creo.
   _____

El pluscuamperfecto de subjuntivo

4 ¿Qué sería si...? Completa con las formas del **pluscuamperfecto de subjuntivo**.

1. Si yo no _____ (*dormirse*) tarde ayer, hoy no estaría tan cansada.
2. Si tú me _____ (*invitar*) a la fiesta, no estaría enfadada[1] contigo.
3. Si Lena _____ (*comer*) algo antes de salir, ahora no tendría hambre[2].
4. Si nosotros _____ (*coger*) el metro, ya estaríamos cerca.
5. Si vosotros no _____ (*salir*) ayer, podríamos salir hoy.
6. Si ellas no nos _____ (*ayudar*) ahora tendríamos un gran problema.

1 enfadado/-a wütend   2 tener hambre Hunger haben

El condicional compuesto

5 Los alumnos pasaron una semana sin usar el móvil. ¿Cómo habría sido para ti? Usa todos los elementos y forma frases con el **condicional compuesto**. Hay varias opciones.

Yo		*participar* en ese proyecto.
Tú, ¿cómo		*parecer* muy mal no poder escribirme.
Lena	no	*lograr* estar tanto tiempo sin el móvil.
Nosotras	nunca —	*hacer* tanto tiempo sin usar el móvil?
Vosotros, ¿qué		*llegar* tarde al instituto todos los días.
A mis amigos les		*decir* a alguien que vas a llegar tarde?

La frase condicional irreal en pasado

6 ¿**Pluscuamperfecto de subjuntivo** o **condicional compuesto**? Subraya la forma correcta.

1. Si me **hubieras / habrías** preguntado, te lo **hubiera / habría** dicho.

2. Si mis amigos me **habrían / hubieran** mandado mensajes durante la semana del proyecto, no los **habría / hubiera** visto.

3. ¿**Hubierais / Habríais** ido a la fiesta de Juan si os **habría / hubiera** invitado?

4. No **hubiéramos / habríamos** sacado una buena nota en el proyecto si no **habríamos / hubiéramos** trabajado tanto.

5. Si no lo **habría / hubiera** visto con mis propios ojos, yo tampoco me lo **habría / hubiera** creído.

7 Completa las frases condicionales irreales del pasado con las formas verbales correctas.

1. Si te _hubiera conocido_ (conocer / yo) antes, te _____ _____ (invitar / yo) a mi cumpleaños.

2. Si no _____ _____ (hacer / nosotros) la excursión a Zaragoza, Said no _____ _____ (conocer) a Lena.

3. Si _____ _____ (estudiar / tú) más para el examen, _____ _____ (sacar / tú) una nota mejor.

4. Si mi amigo no _____ _____ (perder) el autobús, no _____ _____ (llegar) tarde al instituto.

5. Si Said y Laila no _____ _____ (pasar) muchas vacaciones de su vida en la casa de sus abuelos en Marruecos, no _____ _____ (aprender) árabe tan bien.

6. _____ _____ (ser) mejor si _____ _____ (coger / vosotros) el metro.

8 ¿Y si no fuera así...? Escucha las frases y reformúlalas utilizando frases condicionales irreales en presente y en pasado según el ejemplo.

Ejemplo: Está lloviendo, por eso no jugamos al fútbol. → *Si no lloviera, jugaríamos al fútbol.*

1. _____

2. _____

3. _____

4. _____

5. _____

7 El Cono Sur

1 Die Relativpronomen *el que / la que* mit Präposition | Los pronombres relativos *el que / la que* con preposición

Argentina, país **al cual** emigraron muchos europeos en los siglos pasados, tiene más de 46 millones de habitantes.
*Argentinien, ein Land **in das** viele Europäer in den letzten Jahrhunderten emigrierten, hat mehr als 46 Millionen Einwohner.*

¡ACUÉRDATE!
Du kannst schon Relativsätze mit den Relativpronomen **el cual / la cual** bilden. Mit ihnen kannst du Personen, Dinge, Orte und Sachverhalte genauer beschreiben.

Relativsätze mit Präposition leitest du so ein:

Präposition	Artikel	Relativpronomen
de a con en …	el la los las	que

El cual bzw. la cual wird eher in der Schriftsprache gebraucht. Im Mündlichen benutzt man eher el que bzw. la que.

Esa es la heladería **en la que** trabaja mi prima.
*Das ist die Eisdiele, **in der** meine Cousine arbeitet.*
Este es el chico **del que** te conté ayer.
*Das ist der Junge, **von dem** ich dir gestern erzählt habe.*

¡OJO! Denke daran, dass du **de + el** und **a + el** immer zu **del** bzw. **al** zusammenziehen musst.

2 Das Relativpronomen *quien/quienes* | El pronombre relativo *quien/quienes*

Nacho es un primo mío **que** vive en Andalucía.
*Nacho ist ein Cousin von mir, **der** in Andalusien lebt.*
La mujer **de la que** te hablé ayer se llama Rocío.
*Die Frau, **von der** ich dir gestern erzählt habe, heißt Rocío.*

¡ACUÉRDATE!
Du kennst bereits einige Relativpronomen, z. B. **que** („der", „die", „das") und **el/la que** mit Präposition.

Nacho, **quien** había emigrado a España, volvió a Argentina pocos años después.
*Nacho, **der** nach Spanien ausgewandert war, kehrte wenige Jahre später nach Argentinien zurück.*
A los alumnos en Buenos Aires, **quienes** participan en el intercambio, les encanta la ciudad.
*Die Schüler in Buenos Aires, **die** am Austausch teilnehmen, lieben diese Stadt.*

Ein weiteres Relativpronomen ist **quien** („der", „die") und seine Pluralform **quienes** („die"). Im Unterschied zu **que** bezieht **quien** bzw. **quienes** sich immer auf Personen und wird eher in der Schriftsprache verwendet.

Quien quiere conocer el lugar donde vivió el rey, puede visitar el palacio.
Wer den Ort kennenlernen möchte, wo der König lebte, kann das Schloss besuchen.
Hay visitas guiadas por el centro de Montevideo para **quienes** quieren saber más sobre la historia de la ciudad.
*Es gibt Stadtführungen durch das Zentrum von Montevideo für **diejenigen**, **die** mehr über die Geschichte der Stadt erfahren möchten.*

Manchmal kann **quien/quienes** auch mit „wer" oder „derjenige, der" bzw. „diejenige/n, die" wiedergegeben werden.

Nuria, **con quien** estudio para los exámenes, es una de mis mejores amigas.
*Nuria, **mit der** ich für die Abschlussprüfungen lerne, ist eine meiner besten Freundinnen.*

Ebenso wie das Relativpronomen **el/la que** kann auch **quien** bzw. **quienes** mit einer Präposition verwendet werden.

3 Nebensatzverkürzung mit Partizipien | Abreviación de oraciones subordinadas con participio

Esta iglesia **construida** en el siglo XV ofrece una vista espectacular.
*Diese Kirche, **die im 15. Jhd. erbaut wurde**, bietet eine spektakuläre Aussicht.*
Una vez **terminados** los exámenes, los amigos se irán de vacaciones.
***Sobald die Klausuren abgeschlossen sind**, werden die Freunde in den Urlaub fahren.*

Manche Nebensätze lassen sich im Spanischen durch ein Partizip verkürzen. Dieses muss stets an das zugehörige Substantiv angeglichen werden. Im Deutschen kannst du diese Sätze mit einem entsprechenden konjunktionalen Nebensatz oder einem Relativsatz wiedergeben.

4 Der subjuntivo nach *aunque, cuando* und *mientras* | El subjuntivo con *aunque, cuando* y *mientras*

Cuando hace buen tiempo, Óscar va al bosque con su bici.
Immer wenn gutes Wetter ist, fährt Óscar mit seinem Fahrrad in den Wald.
Hoy va a salir también, **aunque** llueve.
Heute wird er auch rausgehen, obwohl es regnet.
Mientras sus amigos estudiaban para el examen, Óscar se divertía en el bosque.
Während seine Freunde für die Prüfung lernten, vergnügte Óscar sich im Wald.

¡ACUÉRDATE!
Du kennst bereits die Konjunktionen **cuando** („immer wenn", „als"), **aunque** („obwohl") und **mientras** („während") mit einem Verb im Indikativ.

Die Konjunktionen **aunque**, **cuando** und **mientras** können auch mit dem **subjuntivo** gebraucht werden. Dann haben sie eine andere Bedeutung:

	+ indicativo	+ subjuntivo
aunque	obwohl	auch wenn / selbst wenn
cuando	immer wenn / als	wenn/sobald
mientras	während	solange

–¿Vamos a entrenar al bosque más tarde **aunque** siga lloviendo?
–Gehen wir später zum Trainieren in den Wald, *auch wenn es weiter regnet*?
–No, **mientras** llueva, nos quedamos en casa.
–Nein, *solange es regnet*, bleiben wir zuhause.
–**Cuando** deje de llover, podemos ir al bosque.
–*Wenn/Sobald es aufhört* zu regnen, können wir in den Wald gehen.

¡OJO! Wenn sich der Nebensatz auf die Zukunft bezieht, brauchst du den **subjuntivo**.

5 Der subjuntivo im Relativsatz | El subjuntivo en oraciones relativas

Quiero que me **entiendas**.
*Ich will, dass du mich **verstehst**.*

¡ACUÉRDATE!
Du weiß bereits, dass u. a. nach Ausdrücken des Wünschens der **subjuntivo** steht.

Quiero un novio que **sea** puntual.

Wenn du in einem Relativsatz beschreibst, wie etwas oder jemand sein soll – du also einen Wunsch zum Ausdruck bringst – musst du darin ebenfalls den **subjuntivo** verwenden.

Hugo quiere tener amigos que lo **apoyen**.
*Hugo will Freunde haben, die ihn **unterstützen (sollen)**.*
Manuel busca a una novia que lo **entienda**.
Manuel sucht eine Freundin, die ihn versteht (= verstehen soll).
Necesitamos a alguien que nos **pueda** explicar Mates.
*Wir brauchen jemanden, der uns Mathe erklären **kann**.*

Häufig weisen Verben wie **querer** („wollen"), **buscar** („suchen") oder **necesitar** („brauchen") im Hauptsatz auf die Verwendung des **subjuntivo** im Relativsatz hin.

6 Infinitivkonstruktionen mit *al* | Al + infinitivo

Antes de ir al cine, tienes que hacer los deberes.
Bevor du ins Kino gehst, musst du die Hausaufgaben machen.
Después de ganar el premio, estaba muy orgullosa.
Nachdem sie die Auszeichnung gewonnen hatte, war sie sehr stolz.

¡ACUÉRDATE!
Du kennst schon die Infinitivkonstruktionen **antes de** + Infinitiv („bevor") und **después de** + Infinitiv („nachdem"). Sie werden verwendet, wenn das Subjekt in Haupt- und Nebensatz gleich ist.

Al caminar por el parque, Lucía encontró a Hugo.
Als/Während sie durch den Park ging, traf Lucía Hugo.
Al ducharme siempre tengo las mejores ideas.
Beim Duschen habe ich immer die besten Ideen.

Auch mit **al** + Infinitiv kannst du zeitliche Bezüge zum Ausdruck bringen, wenn das Subjekt in Haupt- und Nebensatz das gleiche ist.
Die Präposition **al** + Infinitiv verwendest du, wenn Handlungen gleichzeitig stattfinden. Im Deutschen wird das oft mit „als", „beim + Infinitiv" oder „während" wiedergegeben.

Ejercicios

El subjuntivo en oraciones relativas

1 Completa las oraciones relativas con el indicativo o subjuntivo.

1. Para nuestra escuela de idiomas buscamos a profesores que _____ (*hablar*) portugués.
2. Nayeli tiene una amiga que _____ (*vivir*) en Ushuaia, la ciudad más al sur del mundo. Está en el sur de Argentina, en Patagonia.
3. Necesito la chaqueta que te _____ (*dar*) ayer. ¿Me la traes mañana?
4. Busco voluntarios que _____ (*querer*) cambiar el mundo.
5. Quiero tener amigos a los que _____ (*poder*) contar todo.
6. Hay personas que _____ (*luchar*) por sus sueños y que no _____ (*rendirse*) nunca.
7. Tienes que buscar un trabajo que te _____ (*permitir*) salir adelante.
8. Hugo está buscando un libro que _____ (*olvidar*) aquí ayer. ¿Alguien lo ha visto?

Ushuaia

Patagonia

Los pronombres relativos *el que / la que* y *quien*

2 Completa las frases con la forma correcta de los pronombres relativos *el que* o *quien*. A veces hay más de una posibilidad.

1. Mario es un joven a _____ le gusta mucho viajar.
2. Ya ha hecho algunos viajes durante _____ ha podido conocer diferentes países y culturas.
3. En sus viajes, Mario ha pasado por situaciones para _____ no estaba preparado. Siempre dice que estos momentos fueron los mejores profesores.
4. Luna y Alicia, a _____ conoció hace dos años en Chile, lo han visitado este año en España.
5. Una ciudad a _____ le gustaría volver es Montevideo.
6. Un país por _____ Mario se interesa bastante es Uruguay.

3 Une las frases usando una frase relativa con una preposición y la forma correcta de *el que* o *quien*.

Ejemplo: Esta es la cafetería. Siempre vengo aquí después del instituto.
→ *Esta es la cafetería a la que siempre vengo después del instituto.*

1. Miguel y Pia son amigos míos. Ya he pasado muchas vacaciones con ellos.

2. Buenos Aires y Santiago de Chile son ciudades grandes. En las ciudades puedes ver muchas cosas interesantes.

3. Atacama es el nombre de un desierto en Chile. No sé mucho sobre el desierto.

4. Javi es un chico de mi clase. No lo conozco muy bien.

5. Este es el cine nuevo. Carmen nos contó ayer de este cine.

6. Hay pueblos indígenas que viven en el desierto de Atacama. Y para ellos la extracción[1] de litio es una amenaza[2].

7. Hay observatorios astronómicos en el desierto de Atacama. Desde allí se estudia el espacio[3].

1 la extracción Abbau 2 la amenaza Bedrohung 3 el espacio *hier:* Weltraum

Evaluación 2

1 ¿Qué le cuenta David a Marco? Completa el e-mail con los verbos en pretérito perfecto, pretérito indefinido, pretérito imperfecto o pretérito pluscuamperfecto.

Hola, Marco:

¿Qué tal? Aquí está todo bien, Buenos Aires me sigue gustando bastante. En estas últimas semanas _____ (pasar) muchas cosas. Primero, hace unas tres semanas, _____ (tener que / yo) cambiar de familia anfitriona[1]. Recuerdas que en mi último e-mail te _____ (contar / yo) de Maite, mi "hermana" de intercambio y de Ana, su madre, ¿verdad? Pues, resulta que un día, de repente, la abuela de Maite, que vive en Córdoba, _____ (ponerse) mala, y Ana _____ (irse) allí para estar con ella. Maite _____ (quedarse) aquí, claro, por el instituto. Pero no _____ (poder / nosotros) quedarnos solos en el piso. Entonces Maite _____ (mudarse) superrápido a casa de su padre, que vive en un piso muy pequeño donde no _____ (haber) espacio para mí. _____ (dormir / yo) tres noches en un hostal mientras la organización de intercambio _____ (buscar) otra familia anfitriona para mí. _____ (estar / yo) un poco triste porque aquellas semanas con Ana y Maite _____ (ser) geniales. Por lo menos, Maite y yo todavía _____ (verse) todos los días en el instituto, y así no _____ (sentirse / yo) tan solo. Después de cuatro días, la organización me _____ (llamar): _____ (encontrar / ellos) una nueva familia. El problema: ellos _____ (vivir) en otro barrio bastante lejos, o sea, no _____ (poder / yo) seguir estudiando en el instituto de Maite. _____ (ser) muchos cambios[2] en poco tiempo. Pero ahora ya _____ (acostumbrarse / yo) a mi familia nueva: Camila, Ernesto, Rafa y Bingo, el perro. Durante los primeros días, Rafa y yo _____ (salir) juntos todas las tardes y él me _____ (mostrar) el barrio. El barrio de Maite y Ana _____ (ser) más interesante, _____ (haber) muchos bares y un cine cerca de la casa, pero aquí tampoco está mal.

Y tú, ¿qué _____ (hacer) este mes? ¡Cuéntamelo todo!

Un abrazo porteño, David

1 la familia anfitriona Gastfamilie   2 el cambio Veränderung

2 ¿Conoces la ciudad Ronda? Subraya los pronombres relativos correctos.

1. Ronda, **la cual / cuyo / quien** nombre es conocido en toda España, es una ciudad antigua en Andalucía.
2. Hay muchas razones por **las cuales / los que / la que** Ronda se ha convertido en una de las ciudades más visitadas de la región.
3. Por un lado, es una ciudad en **el que / quien / la que** se puede ver una de las plazas de toros más antiguas de España.
4. Otro de sus puntos turísticos es el Puente Nuevo, por **quien / el cual / lo que** se puede cruzar el río Guadalevín, y que es el símbolo de la ciudad.
5. **Quien / Cuyas / Las que** construyó el Puente Nuevo y la plaza de toros en el siglo XVIII fue el arquitecto José Martín de Aldehuela.
6. Delante de la plaza de toros hay una estatua[1] de Cayetano Ordóñez, de **la que / quienes / quien** se dice que fue uno de los mejores toreros[2] de su época.
7. Son muchos los turistas **cuyos / quienes / las que** llegan a Ronda todos los días, por **lo que / el cual / quien** se recomienda visitar la ciudad en la temporada baja[3].

El Puente Nuevo (Ronda)

1 la estatua Statue
2 el torero Stierkämpfer
3 la temporada baja Nebensaison

3 a Completa la tabla con la conjugación de los verbos en imperfecto de subjuntivo.

	estudiar	tener	dormir
yo			
tú			
él/ella			
nosotros/-as			
vosotros/-as			
ellos/ellas			

b Formula tres frases con los verbos de a en la forma del imperfecto de subjuntivo.

1. _____

2. _____

3. _____

4 ¿Y si no fuera así? Completa las frases como en el ejemplo. Recuerda: Hay dos tipos de frases condicionales irreales — las del presente y las del pasado.

David y Marco son buenos amigos. Por eso se escriben tantos e-mails.	→	Si David y Marco no _fueran_ buenos amigos, no se _escribirían_ tantos e-mails.
1. David hace un intercambio en Argentina. Por eso, ahora vive en Buenos Aires.	→	Si David no _____ un intercambio en Argentina, ahora no _____ en Buenos Aires.
2. A David le gusta bastante Buenos Aires. Por eso, está contento con el intercambio.	→	Si a David no le _____ Buenos Aires, no _____ tan contento con el intercambio.
3. Durante unas semanas, David no le escribió a Marco porque pasaron muchas cosas.	→	Si no _____ tantas cosas, David le _____ a Marco.
4. La madre de Ana está enferma. Por eso Ana está ahora con ella en Córdoba.	→	Si la madre de Ana no _____ enferma, Ana ahora no _____ con ella en Córdoba.
5. David no podía quedarse con Maite. Por eso tuvo que dormir en un hostal.	→	Si David _____ quedarse con Maite, no _____ que dormir en un hostal.
6. La organización de intercambio buscó una familia nueva para él. Por eso, conoció a Rafa y a sus padres.	→	Si la organización de intercambio no _____ una familia nueva para él, David no _____ a Rafa y a sus padres.
7. Rafa y sus padres viven en otro barrio. Por eso, David ya no estudia en el instituto de Maite.	→	Si Rafa y sus padres no _____ en otro barrio, David todavía _____ en el instituto de Maite.
8. Ana se fue a Córdoba. Por eso, Camila y Ernesto recibieron a David como "hijo" de intercambio.	→	Si Ana no _____ a Córdoba, Camila y Ernesto no _____ a David como "hijo" de intercambio.

Anexo

Aussprache, Betonung und Orthografie

1 La pronunciación | Die Aussprache

Las consonantes | Die Konsonanten

[β]	revista, a veces, nervioso, beber
[b]	bandera, tableta, bailar
[θ]	cedé, zumo, abrazo
[tʃ]	mochila, chica
[d]	desayuno, dinero, ducharse
[ð]	moderno, padre, ayudar
[f]	familia, fútbol, fiesta
[x]	colegio, gente, videojuego, tarjeta
[g]	grupo, grande, gastar
[ɣ]	luego, preguntar, paga
[k]	quiosco, caro, kilo, comida
[l]	fenomenal, laboratorio, doler
[ʎ]	bocadillo, caballo, llamar

[m]	madre, alemán, famoso
[n]	animal, ordenar, nota
[ŋ]	inglés, lengua
[ɲ]	compañero, pequeño, montaña
[p]	campamento, grupo, esperar
[ɾ]	pero, centro, otro
[r]	perro, guitarra, churro
[s]	cosa, salón, costa
[t]	tía, folleto, repetir
[ks]	experimento, exposición
[j]	yo, playa, mayor
[w]	windsurf, página web

Las vocales | Die Vokale

[a]	ahora, cenar
[e]	teatro, creer
[i]	inteligente, indígena, y
[o]	tampoco, codo
[u]	lugar, cultura

Der Vokal **u** wird in folgenden Fällen nicht ausgesprochen:
– nach **q**, z. B. ¿q**u**é?, ¿q**u**ién?
– zwischen **g** und **e** bzw. **i**, z. B. jug**u**ete, g**u**itarra.

Los diptongos | Die Diphthonge

[ai]	hay, guay
[au]	aula, aunque
[ei]	veinte, voleibol
[eu]	euro, Europa
[oi]	hoy, voy, soy
[j]	bien, genial, ciudad, nadie
[w]	agua, bueno, situación

Wenn zwei aufeinanderfolgende Vokale **a**, **e** oder **o** sind, dann bilden sie keinen Diphthong, sondern zwei Silben, z. B. **mu-se-o**, **te-a-tro**.

Reglas de acento | Betonungsregeln

1. Wörter, die auf **n**, **s** oder einen Vokal enden, werden auf der vorletzten Silbe betont.

2. Wörter, die auf einen Konsonanten (außer **n**, **s**) enden, werden auf der letzten Silbe betont.

3. Wörter, deren Betonung von diesen Regeln abweicht, haben einen Akzent auf der betonten Silbe.

		va	so
		va	mos
	e	**xa**	men
cho	co	**la**	te

	Por	tu	**gal**
		gri	**tar**

	tam	**bién**	
	in	**glés**	
	vi	**vís**	
	a	**llí**	
	sa	**lón**	
		fút	bol
		fá	cil
		pá	gi	na
		nú	me	ro
		trá	fi	co
di	**fí**	cil	

Wegen der Betonungsregeln entfällt bei einigen Wörtern der Akzent oder es wird ein Akzent hinzugefügt:
– bei Singular/Plural, z. B. la ha-bi-ta-**ción**, las ha-bi-ta-**cio**-nes
– bei angehängten Pronomen, z. B. ¡Le-**ván**-ta-te!, ¡**Mán**-da-me-lo!

2 La ortografía | Die Rechtschreibung

Las mayúsculas y minúsculas | Die Groß- und Kleinschreibung

Im Spanischen werden Substantive in der Regel klein geschrieben. Ausnahmen sind:

Gonzalo García Los Brincos	Gonzalo (Vorname) García (Nachname) Los Brincos (Name einer Band)	– Eigennamen
Santiago de Compostela los Andes Argentina Navarra el océano Pacífico	Santiago de Compostela (Stadt) die Anden (Gebirge) Argentinien (Land) Navarra (Autonome Region) der Pazifische Ozean	– geografische Bezeichnungen
la Semana Santa Navidad Nochevieja	die Karwoche Weihnachten Silvester	– Feiertage und Feste
Mates Francés Química	Mathe Französisch Chemie	– Schulfächer
el Museo Guggenheim el Parque del Retiro el Palacio Real		– Sehenswürdigkeiten

Die Zahlen

1 Los números cardinales | Die Kardinalzahlen

0	cero	19	diecinueve	200	doscientos/-as
1	un/o, una	20	veinte	300	trescientos/-as
2	dos	21	veintiuno/-a, -ún	400	cuatrocientos/-as
3	tres	22	veintidós	500	quinientos/-as
4	cuatro	23	veintitrés	600	seiscientos/-as
5	cinco	26	veintiséis	700	setecientos/-as
6	seis	30	treinta	800	ochocientos/-as
7	siete	31	treinta y uno/-a, y un	900	novecientos/-as
8	ocho	32	treinta y dos	1 000	mil
9	nueve	33	treinta y tres	1 622	mil seiscientos veintidós
10	diez	40	cuarenta	1 989	mil novecientos ochenta y nueve
11	once	50	cincuenta	2 000	dos mil
12	doce	60	sesenta	2 018	dos mil dieciocho
13	trece	70	setenta	10 000	diez mil
14	catorce	80	ochenta	100 000	cien mil
15	quince	90	noventa	200 000	doscientos/-as mil
16	dieciséis	100	cien, ciento	500 000	quinientos/-as mil
17	diecisiete	101	ciento uno/-a, un	1 000 000	un millón
18	dieciocho	135	ciento treinta y cinco	2 000 000	dos millones

Die Jahreszahlen werden im Spanischen immer so ausgesprochen wie die Kardinalzahlen:
z. B. 1492 = mil cuatrocientos noventa y dos

2 Los números ordinales | Die Ordnungszahlen

1º	el primero	1ª	la primera	⚠ el **primer** piso
2º	el segundo	2ª	la segunda	
3º	el tercero	3ª	la tercera	⚠ el **tercer** piso
4º	el cuarto	4ª	la cuarta	
5º	el quinto	5ª	la quinta	
6º	el sexto	6ª	la sexta	
7º	el séptimo	7ª	la séptima	
8º	el octavo	8ª	la octava	
9º	el noveno	9ª	la novena	
10º	el décimo	10ª	la décima	

3 Los números quebrados y los números porcentuales | Die Bruchzahlen und Prozentzahlen

½	la mitad	=	50 %	(el cincuenta por ciento)			
⅓	un tercio	≈	33 %	(≈ el treinta y tres por ciento)	⅔	dos tercios	
¼	un cuarto	=	25 %	(el veinticinco por ciento)	¾	tres cuartos	
⅕	un quinto	=	20 %	(el veinte por ciento)	⅘	cuatro quintos	

Die Verben

1 Die Hilfsverben | Los verbos auxiliares

infinitivo	ser	estar	haber	¡OJO!
presente	soy eres es somos sois son	estoy estás está estamos estáis están	he has ha hemos habéis han	hay
pretérito indefinido	fui fuiste fue fuimos fuisteis fueron	estuve estuviste estuvo estuvimos estuvisteis estuvieron	hube hubiste hubo hubimos hubisteis hubieron	hubo
pretérito imperfecto	era eras era éramos erais eran	estaba estabas estaba estábamos estabais estaban	había habías había habíamos habíais habían	había
futuro simple	seré serás será seremos seréis serán	estaré estarás estará estaremos estaréis estarán	ha**br**é ha**br**ás ha**br**á ha**br**emos ha**br**éis ha**br**án	ha**br**á
condicional simple	sería serías sería seríamos seríais serían	estaría estarías estaría estaríamos estaríais estarían	ha**br**ía ha**br**ías ha**br**ía ha**br**íamos ha**br**íais ha**br**ían	ha**br**ía
imperativo	sé, sed	está, estad	he, habe	
gerundio	siendo	estando	habiendo	
participio	sido	estado	habido	
presente de subjuntivo	sea seas sea seamos seáis sean	esté estés esté estemos estéis estén	haya hayas haya hayamos hayáis hayan	haya
imperfecto de subjuntivo	fuera, fueras…	estuviera, estuvieras	hubiera, hubieras…	

2 Die regelmäßigen Verben auf -ar/-er/-ir | Los verbos regulares en -ar/-er/-ir

2.1 Verbos en -ar

infinitivo	hablar	¡OJO!
presente	hablo hablas habla hablamos habláis hablan	
pretérito indefinido	hablé hablaste habló hablamos hablasteis hablaron	**practicar:** practiqué, practicaste… *ebenso:* **significar, buscar, tocar, explicar, sacar** **llegar:** llegué, llegaste… *ebenso:* **pagar, cargar** **cruzar:** crucé, cruzaste…
pretérito imperfecto	hablaba hablabas hablaba hablábamos hablabais hablaban	
futuro simple	hablaré hablarás hablará hablaremos hablaréis hablarán	
condicional simple	hablaría hablarías hablaría hablaríamos hablaríais hablarían	
imperativo	habla, hablad	
gerundio	hablando	
participio	hablado	
presente de subjuntivo	hable hables hable hablemos habléis hablen	**practicar:** practique, practiques… *ebenso:* **significar, buscar, tocar, explicar, sacar** **llegar:** llegue, llegues… *ebenso:* **pagar, cargar** **cruzar:** cruce, cruces…
imperfecto de subjuntivo	hablara, hablaras, hablara, habláramos, hablarais, hablaran	

2.2 Verbos en -er

infinitivo	comer	¡OJO!
presente	como comes come comemos coméis comen	**recoger:** recojo, recoges… *ebenso:* **coger**
pretérito indefinido	comí comiste comió comimos comisteis comieron	**creer:** creyó, creyeron **leer:** leyó, leyeron
pretérito imperfecto	comía comías comía comíamos comíais comían	
futuro simple	comeré comerás comerá comeremos comeréis comerán	
condicional simple	comería comerías comería comeríamos comeríais comerían	
imperativo	come, comed	
gerundio	comiendo	**creer:** creyendo **leer:** leyendo
participio	comido	
presente de subjuntivo	coma comas coma comamos comáis coman	**recoger:** recoja, recojas… *ebenso:* **coger**
imperfecto de subjuntivo	comiera, comieras…	

2.3 Verbos en -ir

infinitivo	vivir	¡OJO!
presente	vivo vives vive vivimos vivís viven	**salir:** salgo, sales…
pretérito indefinido	viví viviste vivió vivimos vivisteis vivieron	
pretérito imperfecto	vivía vivías vivía vivíamos vivíais vivían	
futuro simple	viviré vivirás vivirá viviremos viviréis vivirán	
condicional simple	viviría vivirías viviría viviríamos viviríais vivirían	
imperativo	vive, vivid	**salir:** sal
gerundio	viviendo	
participio	vivido	**abrir:** abierto **escribir:** escrito
presente de subjuntivo	viva vivas viva vivamos viváis vivan	**salir:** salga, salgas
imperfecto de subjuntivo	viviera, vivieras…	

3 Die Gruppenverben | Los grupos de verbos

3.1 Verbos con diptongación: *e → ie*

infinitivo	pensar	¡OJO!	entender	¡OJO!
presente	pienso piensas piensa pensamos pensáis piensan		entiendo entiendes entiende entendemos entendéis entienden	
pretérito indefinido	pensé pensaste pensó pensamos pensasteis pensaron	empezar: empecé, empezaste…	entendí entendiste entendió entendimos entendisteis entendieron	**preferir**: prefirió, prefirieron **querer**: **quise**, **quisiste**…
pretérito imperfecto	pensaba pensabas pensaba pensábamos pensabais pensaban		entendía entendías entendía entendíamos entendíais entendían	
futuro simple	pensaré pensarás pensará pensaremos pensaréis pensarán		entenderé entenderás entenderá entenderemos entenderéis entenderán	**querer**: que**rr**é, que**rr**ás…
condicional simple	pensaría pensarías pensaría pensaríamos pensaríais pensaría		entendería entenderías entendería entenderíamos entenderíais entenderían	**querer**: que**rr**ía, que**rr**ías…
imperativo	piensa, pensad		entiende, entended	
gerundio	pensando		entendiendo	**preferir**: prefiriendo
participio	pensado		entendido	
presente de subjuntivo	piense pienses piense pensemos penséis piensen	empezar: empiece, empieces…	entienda entiendas entienda entendamos entendáis entiendan	**preferir**: prefiramos, prefiráis
imperfecto de subjuntivo	pensara, pensaras…		entendiera, entendieras…	

3.2 Verbos con diptongación: o → ue

infinitivo	encontrar	llover	poder	dormir
presente	encuentro encuentras encuentra encontramos encontráis encuentran	llueve	puedo puedes pueden podemos podéis pueden	duermo duermes duerme dormimos dormís duermen
pretérito indefinido	encontré encontraste encontró encontramos encontrasteis encontraron	llovió	pude pudiste pudo pudimos pudisteis pudieron	dormí dormiste durmió dormimos dormisteis durmieron
pretérito imperfecto	encontraba encontrabas encontraba encontrábamos encontrabais encontraban	llovía	podía podías podía podíamos podíais podían	dormía dormías dormía dormíamos dormíais dormían
futuro simple	encontraré encontrarás encontrará encontraremos encontraréis encontrarán	lloverá	podré podrás podrá podremos podréis podrán	dormiré dormirás dormirá dormiremos dormiréis dormirán
condicional simple	encontraría encontrarías encontraría encontraríamos encontraríais encontrarían	llovería	podría podrías podría podríamos podríais podrían	dormiría dormirías dormiría dormiríamos dormiríais dormirían
imperativo	encuentra, encontrad	llueve, lloved	puede, poded	duerme, dormid
gerundio	encontrando	lloviendo	pudiendo	durmiendo
participio	encontrado	llovido	podido	dormido
presente de subjuntivo	encuentre encuentres encuentre encontremos encontréis encuentren	llueva	pueda puedas pueda podamos podáis puedan	duerma duermas duerma durmamos durmáis duerman
imperfecto de subjuntivo	encontrara, encontraras…	lloviera	pudiera, pudieras…	durmiera, durmieras…

ebenso: acostar(se), contar, costar, probar

3.3 El verbo jugar: *u → ue*   3.4 Verbos con debilitación vocálica: *e → i*

infinitivo	jugar	seguir	¡OJO!
presente	juego juegas juega jugamos jugáis juegan	sigo sigues sigue seguimos seguís siguen	**elegir:** elijo, eliges…
pretérito indefinido	jugué jugaste jugó jugamos jugasteis jugaron	seguí seguiste siguió seguimos seguisteis siguieron	
pretérito imperfecto	jugaba jugabas jugaba jugábamos jugabais jugaban	seguía seguías seguía seguíamos seguíais seguían	
futuro simple	jugaré jugarás jugará jugaremos jugaréis jugarán	seguiré seguirás seguirá seguiremos seguiréis seguirán	
condicional simple	jugaría jugarías jugaría jugaríamos jugaríais jugarían	seguiría seguirías seguiría seguiríamos seguiríais seguirían	
imperativo	juega, jugad	sigue, seguid	
gerundio	jugando	siguiendo	
participio	jugado	seguido	
presente de subjuntivo	juegue juegues juegue juguemos juguéis jueguen	siga sigas siga sigamos sigáis sigan	**elegir:** elija, elijas… *ebenso:* **pedir, repetir**
imperfecto de subjuntivo	jugara, jugaras…	siguiera, siguieras…	

3.5 Verbos del tipo *conocer*: c → zc

infinitivo	conocer
presente	conozco conoces conoce conocemos conocéis conocen
pretérito indefinido	conocí conociste conoció conocimos conocisteis conocieron
pretérito imperfecto	conocía conocías conocía conocíamos conocíais conocían
futuro simple	conoceré conocerás conocerá conoceremos conoceréis conocerán
condicional simple	conocería conocerías conocería conoceríamos conoceríais conocerían
imperativo	conoce, conoced
gerundio	conociendo
participio	conocido
presente de subjuntivo	conozca conozcas conozca conozcamos conozcáis conozcan
imperfecto de subjuntivo	conociera, conocieras…

ebenso: **crecer, ofrecer, parecer**

3.6 Verbos del tipo *construir*: i → y

infinitivo	construir
presente	construyo construyes construye construimos construís construyen
pretérito indefinido	construí construiste construyó construimos construisteis construyeron
pretérito imperfecto	construía construías construía construíamos construíais construían
futuro simple	construiré construirás construirá construiremos construiréis construirán
condicional simple	construiría construirías construiría construiríamos construiríais construirían
imperativo	construye, construid
gerundio	construyendo
participio	construido
presente de subjuntivo	construya construyas construya construyamos construyáis construyan
imperfecto de subjuntivo	construyera, construyeras…

ebenso: **destruir**

4 Die unregelmäßigen Verben | Los verbos irregulares

infinitivo	decir	hacer	ir	saber	venir
presente	digo dices dice decimos decís dicen	hago haces hace hacemos hacéis hacen	voy vas va vamos vais van	sé sabes sabe sabemos sabéis saben	vengo vienes viene venimos venís vienen
pretérito indefinido	dije dijiste dijo dijimos dijisteis dijeron	hice hiciste hizo hicimos hicisteis hicieron	fui fuiste fue fuimos fuisteis fueron	supe supiste supo supimos supisteis supieron	vine viniste vino vinimos vinisteis vinieron
pretérito imperfecto	decía decías decía decíamos decíais decían	hacía hacías hacía hacíamos hacíais hacían	iba ibas iba íbamos ibais iban	sabía sabías sabía sabíamos sabíais sabían	venía venías venía veníamos veníais venían
futuro simple	diré dirás dirá diremos diréis dirán	haré harás hará haremos haréis harán	iré irás irá iremos iréis irán	sabré sabrás sabrá sabremos sabréis sabrán	vendré vendrás vendrá vendremos vendréis vendrán
condicional simple	diría dirías diría diríamos diríais dirían	haría harías haría haríamos haríais harían	iría irías iría iríamos iríais irían	sabría sabrías sabría sabríamos sabríais sabrían	vendría vendrías vendría vendríamos vendríais vendrían
imperativo	**di**, decid	**haz**, haced	**ve**, id	sabe, sabed	**ven**, venid
gerundio	diciendo	haciendo	yendo	sabiendo	viniendo
participio	**dicho**	**hecho**	ido	sabido	venido
presente de subjuntivo	diga digas diga digamos digáis digan	haga hagas haga hagamos hagáis hagan	vaya vayas vaya vayamos vayáis vayan	sepa sepas sepa sepamos sepáis sepan	venga vengas venga vengamos vengáis vengan
imperfecto de subjuntivo	dijera, dijeras…	hiciera, hicieras…	fuera, fueras…	supiera, supieras…	viniera, vinieras…
			ebenso: **irse**		*ebenso:* **provenir**

Anexo

infinitivo	ver	dar	poner	traer	tener
presente	veo ves ve vemos veis ven	doy das da damos dais dan	pongo pones pone ponemos ponéis ponen	traigo traes trae traemos traéis traen	tengo tienes tiene tenemos tenéis tienen
pretérito indefinido	vi viste vio vimos visteis vieron	di diste dio dimos disteis dieron	puse pusiste puso pusimos pusisteis pusieron	traje trajiste trajo trajimos trajisteis trajeron	tuve tuviste tuvo tuvimos tuvisteis tuvieron
pretérito imperfecto	veía veías veía veíamos veíais veían	daba dabas daba dábamos dabais daban	ponía ponías ponía poníamos poníais ponían	traía traías traía traíamos traíais traían	tenía tenías tenía teníamos teníais tenían
futuro simple	veré verás verá veremos veréis verán	daré darás dará daremos daréis darán	pondré pondrás pondrá pondremos pondréis pondrán	traeré traerás traerá traeremos traeréis traerán	tendré tendrás tendrá tendremos tendréis tendrán
condicional simple	vería verías vería veríamos veríais verían	daría darías daría daríamos daríais darían	pondría pondrías pondría pondríamos pondríais pondrían	traería traerías traería traeríamos traeríais traerían	tendría tendrías tendría tendríamos tendríais tendrían
imperativo	ve, ved	da, dad	pon, poned	trae, traed	ten, tened
gerundio	viendo	dando	poniendo	trayendo	teniendo
participio	visto	dado	puesto	traído	tenido
presente de subjuntivo	vea veas vea veamos veáis vean	dé des dé demos deis den	ponga pongas ponga pongamos pongáis pongan	traiga traigas traiga traigamos traigáis traigan	tenga tengas tenga tengamos tengáis tengan
imperfecto de subjuntivo	viera, vieras…	diera, dieras…	pusiera, pusieras…	trajera, trajeras…	tuviera, tuvieras…

Grammatische Begriffe

el adjetivo	Adjektiv, Eigenschaftswort	**bueno/-a**, **grande**, **difícil**
el adverbio	Adverb	hablar **tranquilamente**
el artículo determinado	bestimmter Artikel	**el** amigo, **la** chica, **los** ríos, **las** gorras
el artículo indeterminado	unbestimmter Artikel	**un** chico, **una** amiga, **unos** vaqueros, **unas** gafas
el comparativo	Komparativ, Vergleich	**más** interesante **que**, **menos** caro **que**, **tan** luminoso **como**
el complemento directo	direktes Objekt	Tengo **un cinturón negro**. Busco **a Ana**.
el complemento indirecto	indirektes Objekt	Doy el libro **a Ana**.
el condicional	Konditional	llamar**ía**, comer**ías**, vendr**íais**
el condicional compuesto	Konditional II	Yo que él, no lo **habría hecho**.
la conjunción	Konjunktion, Bindewort	y, o, pero, porque
la consonante	Mitlaut, Konsonant	b, c, d, f, l, ll, r…
el determinante demostrativo	hinweisender Begleiter, Demonstrativbegleiter	**este** chico, **esas** camisetas
el determinante indefinido	unbestimmter Begleiter, Indefinitbegleiter	**mucho** dinero, **pocas** semanas
el determinante posesivo	besitzanzeigender Begleiter, Possessivbegleiter	**tu** ropa, **nuestro** instituto
el diptongo	Doppellaut, Diphthong	b**ue**no, b**ai**lar, qu**ie**ro, **au**la
el estilo indirecto	indirekte Rede	Dice **que no puede venir**.
femenino/-a	weiblich, feminin	**la** chica
la forma irregular	unregelmäßige Form	**voy, tengo, digo**
la forma regular	regelmäßige Form	**hablo, comes, pasé**
la frase condicional irreal (en presente)	irrealer Bedingungssatz (der Gegenwart)	Si tuviera tiempo, iría a la fiesta.
la frase condicional irreal en pasado	irrealer Bedingungssatz der Vergangenheit	Si lo hubiera sabido, te lo habría dicho.
el futuro	Futur, Zukunft	llamar**é**, comer**ás**, vendr**éis**
el futuro compuesto	Futur II, vollendete Zukunft	En dos semanas, **habré vuelto** a Alemania.
el futuro inmediato	unmittelbares Futur	**Voy a pasar** las vacaciones en Madrid.
el género	Geschlecht, Genus (Maskulinum, Femininum)	**el** móvil (maskulin), **la** chica (feminin)
el gerundio	*gerundio* (Verlaufsform)	**trabajando, escribiendo**

Anexo

el imperativo	Befehlsform, Imperativ	¡habla!, ¡hablad!
el imperfecto de subjuntivo	*imperfecto de subjuntivo*	Si lo **supiera**, te lo diría.
el indicativo	Indikativ	**escribe** una carta
el infinitivo	Grundform (des Verbs), Infinitiv	**hablar, leer, escribir**
la interrogación indirecta	indirekte Frage	Mis amigos preguntan **si voy o no**.
masculino/-a	männlich, maskulin	**el** libr**o**
la negación (doble)	(doppelte) Verneinung	**No** duerme. **No** quiere ver a **nadie**.
el número	Zahl, Numerus	el regalo (Singular), las guitarras (Plural)
el número ordinal	Ordnungszahl	el **primer** día, la **segunda** semana
el objeto (in)directo	(in)direktes Objekt (indirektes Objekt: wem?) (direktes Objekt: wen?, was?)	Explico **los deberes a mi amigo**.
la oración principal	Hauptsatz	**Manuel no quiere ir al cine** porque no tiene dinero.
la oración relativa	Relativsatz	Tarek es el chico que lleva gafas y vaqueros.
la oración subordinada	Nebensatz	Manuel no quiere ir al cine **porque no tiene dinero**.
la oración temporal	Temporalsatz	**Cuando Ana salió de casa**, llegó Diego.
la palabra interrogativa	Fragewort	¿**Qué** lenguas hablas?, ¿**Cuántos** años tienes?
el participio	Partizip	**hablado, hecho, dicho**
la persona	Person (1./2./3. Person)	**Ella se llama** (3. Person Singular) Ana.
el plural	Mehrzahl, Plural	los amigo**s**, las flore**s**
la preposición	Verhältniswort, Präposition	**a, de, delante de, para**
el presente	Gegenwart, Präsens	Hoy ella **escribe** una tarjeta.
el pretérito imperfecto	Imperfekt	trabaj**aba**, sab**ías**, viv**íamos**
el pretérito indefinido	*indefinido* (Vergangenheitsform)	trabaj**é**, com**ieron**
el pretérito perfecto	Perfekt (Vergangenheitsform)	**he trabajado, han comido**
el pretérito pluscuamperfecto	Plusquamperfekt	Antes de acostarse, Juan **había leído** un libro.
el pronombre de complemento directo	direktes Objektpronomen, Akkusativpronomen	¿Y Alejandro? No **lo** veo.
el pronombre de complemento indirecto	indirektes Objektpronomen, Dativpronomen	Alejandro **le** manda un mensaje a Lucía.
el pronombre demostrativo	Demonstrativpronomen, hinweisendes Pronomen	**este, esa, aquellos**

el pronombre indefinido	Indefinitpronomen, unbestimmtes Pronomen	**alguien, nadie, algo, nada**
el pronombre interrogativo	Fragepronomen, Interrogativpronomen	¿**Quién** es?, ¿**Dónde** vive?, ¿**Cuál** quieres?
el pronombre personal	persönliches Fürwort, Personalpronomen	**yo, tú, él, nosotros/-as, mí, ti**
el pronombre personal sujeto	Subjektpronomen	**Yo** me llamo Tarek, **ella** es Marta.
el pronombre reflexivo	rückbezügliches Fürwort, Reflexivpronomen	Él **se** ducha. ¿No **te** acuerdas?
el pronombre relativo	Relativpronomen	La camiseta **que** está de oferta es blanca.
el pronombre posesivo	besitzanzeigendes Fürwort, Possessivpronomen	¿Este libro es **tuyo**? Sí, es **mío**.
el singular	Einzahl, Singular	un profesor, la amiga
el subjuntivo	*subjuntivo*	Prefiero que **sea** así.
el sujeto	Subjekt (wer?)	**Manuel** charla con Lucía.
el superlativo	Superlativ	el chico **más** alto, el **mejor** amigo
el superlativo absoluto	absoluter Superlativ	car**ísimo**, riqu**ísimas**
el sustantivo	Substantiv, Nomen	el **parque**, la **dirección**
el verbo	Zeitwort, Verb	**estudiar, mandar, comer**
el verbo auxiliar	Hilfsverb	**haber, estar, ser**
el verbo modal	Modalverb	**poder** ver, **tener que** estudiar, **querer** irse
el verbo reflexivo	rückbezügliches Verb, reflexives Verb	**ducharse, levantarse, irse**
la vocal	Selbstlaut, Vokal	**a, e, i, o, u**
la voz pasiva	Passiv	La Unión Europea **fue fundada** por seis países.

Fehler vermeiden

A: GRAMÁTICA	A: GRAMÁTICA
Genus der Substantive	**GENUS**
1. allgemein: **-o** → maskulin; **-a**, **-ión**, **-dad** → feminin: el chico, la chica, la solución, la ciudad 2. **-ista** → maskulin oder feminin: el taxista, la taxista 3. **el** tema, **el** día (¡Buenos días!), **el** avión, **la** mano, **la** foto	-o → ♂ -a/-ión/-dad → ♀ -ista → ♂/♀ Beachte die Ausnahmen!
Konkordanz zwischen Subjekt und Verb	**BEZUG**
La gente bail**a**. (Singular) **Las fiestas** me gust**an**. (Plural)	La gente bail**a**. Las fiestas me gust**an**
Konkordanz zwischen Adjektiv/Begleiter und Substantiv	**BEZUG**
un chic**o** activ**o**; un**a** chic**a** guap**a**; pregunta**s** interesante**s** Est**a** chic**a** es María. Est**e** chic**o** es Pablo. Est**os** barri**os** son tranquil**os**.	un chic**o** activ**o**, est**e** chico, otr**a** chica, idea**s** interesante**s**
Ser, estar, hay	**SER, ESTAR, HAY**
Ana **es** mi amiga. **Está** en Madrid. En Madrid **hay** muchos estudiantes. **Es** simpática. **Está** contenta en Madrid.	**Es** mi amigo. **Está** en Madrid. **Hay** pan y queso.
También oder tampoco	**TAMBIÉN/TAMPOCO**
–Hablo francés. –Yo **también**. –No hablo chino. –Yo **tampoco**.	sí – **también** no – **tampoco**
Präposition a vor direktem Objekt bei Personen	**„A" + PERSON**
Busco mi libro. Busco <u>a mi padre</u>.	Busca **a** su hermana.
Unterscheidung von Personalpronomen und Possessivbegleitern	**PRONOMEN**
mí/mi → El regalo es para **mí** / Ana es **mi** amiga. **tú/tu** → ¿**Tú** eres de Madrid? / Pablo es **tu** amigo, ¿verdad?	mí/mi tú/tu
Muy oder mucho	**MUY/MUCHO**
vor einem Adjektiv: **muy** → La comida está **muy** rica. vor einem Substantiv: **mucho/-a/-s** (Adjektiv) → Hay **mucha** comida. nach einem Verb: **mucho** (Adverb) → Hoy comí **mucho**.	muy + Adjektiv mucho/-a/s + Substantiv Verb + mucho
Die Verwendung von Vergangenheitszeiten	**VERGANGENHEITSZEITEN**
Achte auf Signalwörter: <u>Ayer</u> **fui** al cine. <u>El año pasado</u> **viajé** a México. <u>Antes</u> **ayudaba** a mi abuela todos los domingos. <u>En aquellos años</u> no **había** televisión. ¿Qué **has hecho** <u>hoy</u>? <u>Todavía</u> no **he preparado** el examen.	**Signalwörter:** <u>indefinido</u>: ayer, el año/mes/… pasado, en 2020, hace 5 años, … <u>imperfecto</u>: antes, en aquellos años, cada día/vez… <u>perfecto</u>: alguna vez, hoy, ya, todavía (no), esta semana, este año/mes…

Hacía mal tiempo y leía un libro cuando de repente alguien llamó a la puerta.	indefindo: Ereignisse imperfecto: Zustände, Beschreibungen
Der subjuntivo	**SUBJUNTIVO**
Nach bestimmten Verben, Konjunktionen und Ausdrücken folgt der subjuntivo: Espero que me digas la verdad. Es normal que te sientas un poco triste. Te lo explico para que me entiendas. No creo que vengan a la fiesta.	subjuntivo nach **Verben der Willens/Gefühlsäußerung** (querer, pedir, esperar; alegrarse, tener miedo, gustar, …) …nach **unpersönlichen Ausdrücken** (es normal / triste / bueno / malo / necesario/… que) nach **para que** nach **no creer/pensar/ decir que**
Irreale Bedingungssätze	**IRREALE BEDINUNGSSÄTZE**
Si tuviera más dinero compraría una nueva bici. Si no hubiera estado enferma te habría ayudado.	Gegenwart: si-Satz: imperfecto de subj. HS: condicional Vergangenheit: si-Satz: pluscuamperfecto de subj. HS: condicional compuesto
Objektpronomen	**OBJEKTPRONOMEN**
Person vor Sache: Me explica los deberes. → **Me los** explica. Te contamos un secreto. → **Te lo** contamos. Escribo una carta a mi abuela. → **Se la** escribo. Le/s wird vor lo/s und la/s zu **se**.	Person vor Sache **Te lo** digo. le/s vor lo/s und la/s → se **Se lo** explica.
B: ORTOGRAFÍA	**B: ORTOGRAFÍA**
Keine doppelten Konsonanten im Spanischen	
tenis, interesante, como, Tenerife Ausnahmen: cc, rr, ll (eigener Buchstabe) → traducción, aburrido, llamar	~~nn, ss, mm, tt~~, etc. cc, rr, ll
Kein „th", „ph", „sy" im Spanischen	
Thema → el tema, Philosophie → la filosofía, sympathisch → simpático	~~th, ph, sy~~
Die Buchstaben c/z [θe] und c/qu [k]	c/z [θe] und c/qu [k]
z vor a, o, u und am Wortende → tiza, zona, zumo, feliz; c vor e, i → cine, felices; c vor a, o, u → chica, chico, cuatro; qu vor e, i → quince, que	[θe] → z + a, o, u / c + e, i [k] → c + a, o, u / qu + e, i

Index

Die Angaben beziehen sich auf die Seitenzahlen. Die 1 vor der Seitenzahl bedeutet Band 1.

A
absoluter Superlativ 1/62
Adjektiv
  Formen 1/16
  Komparativ 1/60
  Stellung 1/16
  Bedeutungsänderung / Stellung 38
  mit ser/estar 39
  Superlativ 1/62
  verkürztes 1/88
Adverbien auf -mente 29
al + Infinitiv 79
aquel/aquella 1/94
Artikel
  bestimmter 1/7
  unbestimmter 1/7
  Kontraktion 1/18
  neutraler (lo) 24

B
Bedingungssatz
  realer Bedingungssatz der Gegenwart 1/60
  irrealer Bedingungssatz der Gegenwart 69
  irrealer Bedingungssatz der Vergangenheit 70
Befehlsform (Imperativ) 1/45
Begleiter
  mucho, poco 1/18
  tanto 1/63
  todo/-a 1/44

C
¿cómo? als Fragewort 1/8
Condicional
  Bildung 49
  Gebrauch 49
Condicional compuesto 69
¿cuál?
  als Fragewort 1/8
  ¿cuál? oder ¿qué? 1/34
¿cuánto/-a? als Fragewort 1/32

D
decir 1/47
desde als Präposition 1/75
desde hace als Präposition 1/75
direktes Objektpronomen 1/61
¿dónde? als Fragewort 1/8
Demonstrativbegleiter/-pronomen 1/35, 94

E
encantar 1/33
ese/-a, este/-a 1/35
estar
  estar + gerundio 1/34
  estar und hay 1/17
  estar und ser 1/36
  Konjugation im Präsens 1/17
  Konjugation im pretérito indefinido 1/74

F
Fragewörter 1/8
futuro inmediato (ir a + Infinitiv) 1/45
futuro simple 50
futuro compuesto 50

G
gerundio
  estar + gerundio 1/34
  Konstruktionen mit ger. 51
  Nebensatzverkürzung mit ger. 64
grande, gran 1/88
gustar 1/34

H
hay 1/17
hay que 6
hace als Präposition 1/75
hacer
  Konjugation im Präsens 1/20
  Konjugation im pretérito indefinido 1/74
Hilfsverben
  estar 1/7
  ser 1/6

I
Imperativ
  Bildung 1/45
  mit Objektpronomen 1/45
  verneinter Imperativ 19–20
  mit usted 36
imperfecto 6
imperfecto de subjuntivo 67
indefinido 1/72
Indefinitbegleiter **mucho/-a, poco/-a, otro/-a** 1/18
indirekte Rede 1/48
indirekte Aufforderung 36
indirektes Objektpronomen 1/32
ir 1/20
  ir und venir 1/46
  Konjugation im Präsens 1/20
  Konjugation im pretérito indefinido 1/74
  ir a + Infinitiv (**futuro inmediato**) 1/45

J
jugar (u → ue) 1/19

K
Komparativ 1/60
Konjunktionen 1/48

M
más… que (Komparativ) 1/60
mejor (Komparativ) 1/60
menos… que (Komparativ) 1/60
Modalverben
  poder, querer, tener que 1/19
  saber und poder 1/46
mucho
  als Indefinitbegleiter 1/18

N
Nebensatzverkürzung
  mit gerundio 64
  mit Partizip 77

O

Objekt
  Personen als direktes Objekt
  a 1/36
Objektpronomen
  an den Imperativ angehängt 1/45
  direktes 1/61
  indirektes 1/32
  Stellung 1/61
  zwei ~ im Satz 40
Ordnungszahlen 1/63
Ortspräpositionen 1/60

P

parecer 1/35
Partizip
  Bildung 44
  Nebensatzverkürzung mit ~ 77
Passiv 64
peor (Komparativ) 1/60
Personalpronomen
  als direktes Objektpronomen 1/61
  als Subjektpronomen 1/7
  als indirektes Objektpronomen 1/32
  mit Präpositionen 1/88
  Stellung der Pronomen 1/61
  Stellung beim Imperativ 1/45
pluscuamperfecto 38
pluscuamperfecto de subjuntivo 69
poco
  als Indefinitbegleiter 1/18
poder (o → ue)
  als Modalverb 1/19
  Konjugation im Präsens 1/19
  Konjugation im **pretérito indefinido** 1/74
  poder und **saber** 1/46
poner(se)
  Konjugation im **pretérito indefinido** 1/74
Possessivbegleiter 1/18
Possessivpronomen 57

Präposition
  desde, desde hace, hace 1/75
  Ortspräpositionen 1/60
  mit Personalpronomen 1/88
Präsens Indikativ
  mit unregelmäßiger 1. Person Singular 1/7
  regelmäßige Verben 1/6
  Stammwechsel e → i 1/46
  Stammwechsel e → ie 1/16
  Stammwechsel o → ue 1/19
pretérito indefinido
  Gebrauch 1/72
  orthographische Besonderheiten 1/73
  regelmäßige Verben 1/72
  ser und **ir** 1/74
  unregelmäßige Verben 1/73
  Kontrastierung mit **imperfecto** 8–10
pretérito imperfecto
  Gebrauch 6
  regelmäßige Verben 6
  unregelmäßige Verben 6
  Kontrastierung mit **indefinido** 8–10
pretérito perfecto
  Gebrauch 44
  Bildung 44
  Kontrastierung mit **indefinido** 45
pretérito pluscuamperfecto 38
Pronomen
  Demonstrativpronomen 1/35
  Possessivpronomen 57
  Reflexivpronomen 1/47
  Relativpronomen **que** 1/36
  Subjektpronomen 1/7

Q

que
  als Relativpronomen 1/36
¿qué?
  als Fragewort 1/8
  ¿qué? oder **¿cuál?** 1/34
¿quién/es? als Fragewort 1/8

quien/es als Relativpronomen 76
querer (e → ie) 1/16

R

reflexive Verben 1/47
Reflexivpronomen 1/47
Relativpronomen
  que 1/61
  lo que 7
  donde 7
  el/la cual 66
  cuyo/-a 67
  el/la que 76
  quien/es 76

S

saber
  saber und **poder** 1/46
  Konjugation im **pretérito indefinido** 1/74
ser
  Konjugation im Präsens 1/6
  Konjugation im **pretérito indefinido** 1/74
  ser und **estar** 1/36
Subjektpronomen 1/7
subjuntivo
  Bildung 24–27
  Gebrauch:
  nach Verben 27
  nach unpersönlichen Ausdrücken 29
  nach **para que** 49
  nach **aunque / cuando / mientras** 77
  im Relativsatz 78
  imperfecto de subj. 67
  pluscuamperfecto de subj. 69
Superlativ
  Superlativ des Adjektivs 1/62
  absoluter Superlativ 1/62

T

también 1/33
tampoco (Verneinung) 1/32
tan… como (Komparativ) 1/60

tanto/-a 1/63
tener (e → ie)
   Konjugation im Präsens 1/16
   Konjugation im **pretérito indefinido** 1/74
   todo/-a als Indefinitbegleiter 1/44

U
Uhrzeit 1/44
unbestimmte Begleiter **mucho/-a, poco/-a, otro/-a** 1/18
unbestimmter Artikel 1/7

V
venir
   Konjugation im Präsens 1/46
   venir und **ir** 1/46
Verb
   Gruppenverben (e → i) 1/47
   Gruppenverben (e → ie) 1/16
   Gruppenverben (o → ue) 1/19
   Präsens Indikativ 1/6
   pretérito imperfecto 6
   pretérito indefinido 1/72
   pretérito perfecto 44
   pretérito pluscuamperfecto 39
   reflexive Verben 1/47
Verlaufsform (**estar + gerundio**) 1/34
Verneinung
   no 1/6
   tampoco 1/32

Z
Zahlen
   Ordnungszahlen 1/63
Zukunft
   futuro simple 50
   futuro inmediato 1/45
   vollendete Zukunft (Futur II) 50

Grammatik zum Nachschlagen und Üben

Im Auftrag des Verlages erarbeitet von:

Joachim Balser, Alexander Grimm, Yvonne Miller, Henning Peppel, Wolfgang Steveker, Katja Zerck

und der Redaktion Spanisch:

Cara Gaffrey (Projektleitung), Dirk Kessing

Umschlaggestaltung: vitaledesign
Umschlagfoto: Shutterstock / Eve Orea
Layoutkonzept: graphitecture book & edition
Technische Umsetzung: Compuscript Ireland and Chennai

Begleitmaterialien zu A_tope.com 2 - Ausgabe B:
Grammatik als E-Book: ISBN 978-3-06-024493-5
Arbeitsheft: ISBN 978-3-06-024446-1

www.cornelsen.de

Soweit in diesem Lehrwerk Personen fotografisch abgebildet sind und ihnen von der Redaktion fiktive Namen, Berufe, Dialoge und Ähnliches zugeordnet oder diese Personen in bestimmte Kontexte gesetzt werden, dienen diese Zuordnungen und Darstellungen ausschließlich der Veranschaulichung und dem besseren Verständnis des Inhalts.

Die enthaltenen Links verweisen auf digitale Inhalte, die der Verlag bei verlagsseitigen Angeboten in eigener Verantwortung zur Verfügung stellt. Links auf Angebote Dritter wurden nach den gleichen Qualitätskriterien wie die verlagsseitigen Angebote ausgewählt und bei Erstellung des Lernmittels sorgfältig geprüft. Für spätere Änderungen der verknüpften Inhalte kann keine Verantwortung übernommen werden.

Für die Nutzung des kostenlosen Internetangebots zum Buch gelten die allgemeinen Geschäftsbedingungen (AGB) des Internetportals *www.cornelsen.de,* die jederzeit unter dem entsprechenden Eintrag abgerufen werden können.

1. Auflage, 1. Druck 2024

Alle Drucke dieser Auflage sind inhaltlich unverändert und können im Unterricht nebeneinander verwendet werden.

© 2024 Cornelsen Verlag GmbH, Berlin

Das Werk und seine Teile sind urheberrechtlich geschützt. Jede Nutzung in anderen als den gesetzlich zugelassenen Fällen bedarf der vorherigen schriftlichen Einwilligung des Verlages. Hinweis zu §§ 60 a, 60 b UrhG: Weder das Werk noch seine Teile dürfen ohne eine solche Einwilligung an Schulen oder in Unterrichts- und Lehrmedien (§ 60 b Abs. 3 UrhG) vervielfältigt, insbesondere kopiert oder eingescannt, verbreitet oder in ein Netzwerk eingestellt oder sonst öffentlich zugänglich gemacht oder wiedergegeben werden. Dies gilt auch für Intranets von Schulen und anderen Bildungseinrichtungen.

Druck: Athesiadruck GmbH

ISBN: 978-3-06-024491-1